勝間式 超ロジカル家事

経済評論家
勝間和代

ACHIEVEMENT PUBLISHING

超ロジカル家事で
いったい何が変わる
のでしょう？

劇的に時短されます

調理家電を駆使すれば
一度に2〜3品の料理が同時進行できるから
スピードも2倍、3倍に!

体が疲れなくなります

「自分でやらないこと」を増やす。
その分、いつもより
早く眠れたり休めたりするから
疲れがとれて体がラクに。

脳も疲れなくなります

モノを少なくするだけで
探す、迷う、選ぶがなくなって
脳ストレスが激減します。

お金が増えます

同じ金額でも、
管理のしかた、預け先を変えるだけで
“いつの間にか貯まる”
“自分で勝手に増える”
お金に変わります。

世界一簡単に
幸せになります

時短で自分の時間が増える

一番おいしいごはんが自宅で食べられる

体も脳も疲れない。お金に困らない

＝家族みんなが幸せに。

はじめに

家事に殺される前に

この本は、「家事も仕事のようにまじめに取り組んで、とにかく徹底的にロジカルに考えて、少ない時間で最大の効果を手に入れよう」と考えた私が、1年以上をかけていろいろやってみて手に入れた方法を書いたものです。たくさん失敗して、やり直して、その結果として最も時間がかからず、最もコストパフォーマンスがいいと確信した、家事のやり方のすべてを書きました。

毎日、家事に、育児に、仕事に追い立てられ、それでも一生懸命に実行しながら、今にも倒れそうに、あるいは家事に殺されそうになっている女性たちの参考にしてほしいと願って出したものです。

家事をなるべく少ない時間で、でもおいしいご飯ときれいな家を手に入れるために、様々な研究をし始めたきっかけは、２０１５年の秋に「断捨離」をして、ものであふれかえった「汚部屋」を抜け出したことでした。

私は20歳で結婚し、３人の娘を育てながら仕事を続けてきました。

家事も苦手なりに、料理、洗濯、掃除のすべてをひたすら実行してきました。そのころは多少の工夫はしていましたが、仕事そのものに追われて家事についてまでいろいろ研究するひまはありませんでした。そして、だからこそ、家事に手間ひまがかかってますます余裕がなくなると言う悪い流れを抱えていました……。

そして、34歳ぐらいからどんどん仕事が忙しくなり、とても自分ひとりでできなくなったので、平日の家事は家事代行サービス、いわゆる家政婦さんにお願いするようになりました。月曜日から金曜日まで、一日３時間ずつです。それ以来、一昨年の秋まで13年間、家事をお願いしていましたが、その結果、何がおきたでしょうか？　それがなんと、家の中はものであふれかえった汚部屋になっていたのです（苦笑）。

家事のプロにお願いしていても汚部屋になる理由の詳しくは後でお話ししますが、

基本的に家政婦さんは、部屋に置いてあるものを勝手に移動したり、捨てることができない決まりになっています。つまり、プロに食事を作ったり、掃除をしてもらっても、家主が散らかしたものは動かさないし、当然、ものも減ることがありません。ものであふれた部屋は、あふれたままなのです。生ゴミは捨ててくれますが、私がその辺にほったらかしにしておいた仕事の書類やダイレクトメールは、決して捨ててくれません。

そのことに気がついた私は、2015年の冬から、ひと月以上の時間をかけて自宅のものを8割以上処分する断捨離を断行し、汚部屋から自力で脱出しました。

家の中が見違えるようにきれいになることで、私自身も快適に過ごせるようになり、自然と家にいる時間が増えました。家の中がきれいに片付くと、掃除も料理もすべてがスムーズにできるようになります。それは劇的な変化でした。

2009年に買ったまま、家が汚くてほとんど動けず、宝の持ち腐れだった掃除ロボットのルンバも、始めて気持ちよさそうに走り回れるようになりました。

ルンバがリビングの床を走り回っているのを眺めていたとき、はたと気が付いたのです。

「掃除と洗濯は機械がやってくれる。料理だって最近は、ボタン一つで〝ほったらかし料理〟ができる調理家電が増えているのだから、それを駆使すれば自分でなんとかなるはず！」

そこで、私ははじめて家事のバリュー・イノベーションを図ることにしたのです。

仕事のスキルを全力投入して家事を超効率化

バリュー・イノベーションとは、『ブルー・オーシャン戦略』（ダイヤモンド社2015年）という有名な経営戦略本に出てくる考え方です。簡単に言うと、サービスの受け取り手にとって価値を感じるところにだけ力を入れて、価値を感じないところは手を抜いちゃえ、という考え方です。なぜなら、やっている方がいいと思っても、結果がともなわないのであれば、そのことは時間と気持ちのムダ遣いだからです。

家事に当てはめると「結果が伴っていない不要な手間は徹底して減らして、必要な手間だけ残す」ということになるでしょう。

なぜなら、家政婦さんがしてくれていたとおりに、一日3時間分の家事を私がこれまでのやり方で丸々かぶったら、必ず仕事に問題が出てしまいます。でも、必要な手間まで省く、手抜きはしたくありません。

やるからには、質の高い家事をめざしたいのです。

ムダな時間はかけず、けれども手は抜かず、質は絶対落とさない。

それは、仕事に取り組む考え方と、まるで同じです。そして私は、自分がかける手間と、それによって手に入る生活の質とのバランスを第一に考えながら、一年以上、バリュー・イノベーションを目標に家事と真剣に向き合いました。

【日本の家事はここ数十年、実はほとんど進化してない】

その結果、私が気づいたことは、家事について、いろいろなことを改善できる余地はこんなにあったんだ、ということです。

家事が簡単だとは、まったく思いません。かつては、私も四苦八苦していました。それが今や、家事の超ロジカル化を図れば、働くお母さんにとっても、家事は大した負担にならない、という境地に達しました。

洗濯をはじめ、掃除も機械任せになりつつあるのに対して、なぜか料理は母親世代と大差のないままのやり方が主流です。みんな、あいかわらず、鍋とフライパンを使って、火にかけて焼いたり、蒸したりしています。しかし、遅れている分野、ここで言えば料理ほど、いろいろなことをより短時間で上手に成果を出す方法はたくさんあります。今となっては、私は料理に必要な食材の選び方から超ロジカルにしているので、日々の献立に悩むことさえなくなりました。

というのは、レストランやホテルでも使われる高性能な調理家電の家庭用のものも、1万円台から買えるので、手間をかけずに、スイッチ1つで美味しさと栄養が損なわれない料理ができます。私は、多くの人が料理を続けるためには、コンビニに買いに行くよりもずっと簡単で、安くておいしくないと、いけないと思っています。気合いがあるときにだけできる手法ではまずいのです。疲れているときにでもできる範囲の労力でなければいけません。

おかげさまで、今はその範囲に料理時間が収まっています。結果として、3食のうち2食半くらいは自炊になっています。そのため、十分な量のタンパク質や野菜をとれますから、超ロジカル料理で自炊を始めてから、「肌がきれいになった」と人から褒められることが増えました。体調も整い、疲れにくくなったことを実感します。すると身だしなみを整える余裕が生まれて、メイクとファッションの超ロジカル化にも成功しました。

なにごとも、ロジック、すなわち、仕組みや原則を知ることがたいせつです。

例えば、料理のレシピを丸覚えしても、いつまでたってもそれ以外の料理は作れません。違う料理を作ろうとするたび、レシピを探す手間が必要になります。それは外国語を話すときに、単語や文法を覚えずに、会話集だけを丸暗記して、それで対応しようとするやり方と似ています。しかし、いちばんおいしくなる材料ごとの最適な加熱温度や、材料の量に対する塩分量を一度知るだけで、だいたいどのような材料でも、何でもおいしく作れるようになります。

さらに、ロジックを踏まえて行動すると、料理や掃除にも失敗が減り、時間とお金のムダ遣いも減ります。そうして浮いたお金は、投資に回して増やすことができます。お金を増やすロジックについてもこの本にまとめましたので、楽しみにしてください。

仕事に、育児に、数十年進化していない古い方法を行うことで、家事に追われる毎日で体はくたくたになってしまいます。家事に疲れて、体も心も病んでいる人たちは、ぜひ、この本の「超ロジカル家事」を今日からできるところから始めて、家事にたいするストレスをゼロにすることを目指してください。

この本のロジカル家事のヒントを学んでもらえれば、家事の負担がとにかく減りますので、「家事をやらなくちゃ」というプレッシャーから解放されて、心も体もラクになるはずです。

みなさんの家事の負担が少なくなり、ますます家事の工夫ができて、お金にも時間にも余裕ができるようになる——この本で、そんな良い事が良い事を呼ぶようなサイクルに入って、生活がうまく回り出すきっかけを見つけてもらえると、とてもうれしいです。

目次

序章

超ロジカル家事のススメ

家事の精神的負担から一生解放される

【「当たり前」が積み重なって家事ストレスに】

私はこれまでの数十年間、ライフワークとして考えて、取り組んできたことが2つあります。

1つは、専門としている金融・経済・会計の知識について、学んだことを社会に戻すため、書籍やメディアなどで、多くのみなさんにわかりやすく伝えること。もう1つは、いろいろな仕事の人がワーク・ライフ・バランス（仕事と生活の調和）をより上手に整えられるように、労働時間短縮に向けた仕組み作りを手伝うことです。

現代人のワーク・ライフ・バランスを考えたとき、家事も仕事も担う女性のバランスは悪すぎます。やってもやっても終わらない家事に追われて、自分の時間を持つ余裕がない人や、精神的にも肉体的にも、ギリギリの女性が少なくありません。

その原因の1つが、家事をめんどうだと思いながらも
「手がかかるものだから仕方ない」

「世間では家事に手をかけるのが〝まっとう〟とされているからやるしかない」

といったあきらめです。


しかし、そのこれまでの家事への手のかけ方には、実はやらなくていいことがたくさんあります。大事な部分だけを残して余分なやり方を省けば、家事の負担は、本当は劇的に軽くなります。

「そんなの無理でしょ！」と思われるかもしれませんが、読者のみなさんは、家事の効率化について、仕事のように、本当に真剣に考えたことがあるでしょうか。

「洗濯物をたたむ」「掃除機をかける」「ゴボウを刻む」――私は今回、これらの手間をもっと効率的に、時短になる方法はないか、あるいは、そもそも必要がないのではないかということを、仕事に近いレベルにまで時間とお金を投資し、考えてみました。

「こうするのが当たり前だから」と、何も考えずに何年も何十年も同じ方法で家事を

「こなして」はいないでしょうか。私はこの「こなす」という言葉が嫌いでして、やらなければならない事を嫌々やっていると言うニュアンスがはみ出ているからです。なので「こなす」のではなく、「楽しむ」家事に心の持ちようを変えてほしいのです。

このめんどうな「当たり前」が、家のなかに1つや2つではなく、10も100も積み重なるから問題なのです。こまごまとした「当たり前」が山のように積み重なり、それが毎日毎日途切れることなく追いかけてくる――そこに仕事や育児も加われば、精神的にも肉体的にもたいへんな負担になります。一つひとつは数分間の手間でも30個重なれば、簡単に1時間になってしまいます。しかもそれが365日なのです。

今、「ワンオペ育児」という言葉が話題になっています。もともと従業員1人がすべての業務を切り盛りする「ワンオペレーション」から来ている言葉で、母親1人で家事と育児を担うことを指しています。この上さらに、仕事も上乗せされている働く母親の労働状況は、まさしくブラック企業並みでしょう。だからこそ、多くの女性はフルタイムの仕事をやりたがりません。あるいはフルタイムの仕事に就いた場合は、なかなか子どもを持てないということになります。時間的余裕から考えれば、当たり前です。そしてこのことが、日本では女性の社会進出を妨げ、少子化を招く結果となっています。

働く母親たちのワーク・ライフ・バランスを考えることは、社会の課題であることは間違いありません。


【家事代行を頼んでも汚部屋になるワケ】


私自身、働きながら3人の娘を育てながら、この山積みの家事の「当たり前」に追い立てられてきた1人です。12年前に勤めていた会社を辞めて独立したころが、私の忙しさのピークでした。

3人の子どもたちもまだ小さく、仕事と育児、家事が回らなくなり、私はその解決をアウトソーシング、すなわち外注することに求めました。

「はじめに」にも書いたとおり、平日の家事は家事代行サービスにお願いすることにしたのです。1日3時間お願いして、月々の費用も10万円を軽く超えました。

それなのに、当時の自宅はものであふれかえった汚部屋だったのです。家政婦さんにきてもらっている家とは思えないほどの散らかりようでした。

ところが、2年前に断捨離に目覚めたことでそんな生活が激変したのです。その顛末については、前著『2週間で人生を取り戻す！　勝間式汚部屋脱出プログラム』（文藝春秋2016年）に詳しく記しましたが、家の片づけを通して、心も大きく整理されるという経験をしました。

そのとき、せっせと家中を片づけながら「どうしてこんなに散らかってしまったのだろう？」と改めて考えました。

そして出た答えが、自分の中にある「家政婦さんにお願いしているから、家事の主担当は自分ではない」という甘えでした。つまり、私には家事に対するリーダーとしての責任感がなかったのです。

家事の主担当は家政婦さんで「週末だけ家事をする私は副担当にすぎない」と思っていました。ところが、家政婦さんは、勝手にものを捨てることも、動かす権限もありません。権限と責任の範囲の問題で、権限がない家政婦さんが責任をもって働いてくれても、権限を持つ私が片づけない限り、汚部屋がきれいになるわけがありません。

家事のすべては、権限がある私が責任をもってすべてやるのが、もっとも効率的で理にかなっていると気づいたのです。まぁ、これは職場でもよくあることで、権限がある人が責任をもって結果にコミットしないと、実は何もうまくいかないのです。

【仕事のスキルを家事に応用】

それに気が付いた断捨離後、家事のアウトソースを完全に止めてから1年間以上、自分自身で毎日、毎日、家事と真剣に向き合って、山積みの「当たり前」を改めて一つひとつ分析し始めました。

なぜなら、お手伝いさんに任せていた一日3時間の家事を自分1人で丸々かぶってしまっては、ふたたび家事も仕事も破綻した状態に戻るだけ。それは絶対避けたかったからです。

すっきりと片づいたきれいな家、おいしくて健康的な食事づくりを、ストレスなく回せること。しかも、仕事のペースもキープしながら、日常的な家事は1日2時間以内にする。これが求めるべき目標となりました。

この目標を達成するために、これまで経営コンサルティングや、経済評論などの仕事で培ってきた「結果を確実に出すための思考法」を、家の中でフル回転させることにしました。

すると、なんと、家事の中には、実はやらなくてもいい前時代的な習慣だったり、今の便利な道具で超効率化できたりするものがたくさんあることに気が付きました。イメージでいいますと、だいたい半分はやらなくてもいいこと、あるいは、適切な設備投資があれば機械がやってくれることでした。

2時間以内に毎日の家事を快適に終わらせる、という結果を得るため、一番効率的な方法を試行錯誤し、いろいろ試してみて、自分なりのロジカルな方法を一つひとつ完成させてきたのです。おかげさまで、今では仕事にほとんど影響することなく、1日2時間もかからずに、すべての家事が快適に終わっています。家もきれいですし、食事も大半が自炊、洗濯物もたまることがありません。

完成した「超ロジカル家事」の大きな柱は次の2つです。

1 最新家電を導入して家事をAI化する

2 「不便」「めんどう」を放置しない

この本では、この2つの柱を基本に、わたしが常々「めんどうくさくて不便!」と思ってきた家事のあれこれをストレスレスにする、究極にロジカルな方法を提案していきたいと思います。とにかく、おすすめは「めんどくさいこと」をそのまま放置せず、最新家電を含めたいろいろな手段でその解決を試みることです。

働く家電は半年で元手が回収できる「投資」

【料理・掃除・洗濯はスイッチ1つですます】

私が提案する「超ロジカル家事」に絶対欠かせないのが、最新家電です。「なんだ、お金で解決するのか」と思われるかもしれませんが、まったくその通りです。今の最新家電は女性の「家事の負担を劇的に軽くする道具」で、そこへ投入するお金は、たんなる消費ではなく、かなり分のいい「投資」です。

欧米諸国では、調理家電や食器洗い乾燥機などの普及が早く、家事を助けるためのさまざまな便利家電は、ほとんどの家庭にあるといっても過言ではないでしょう。

いっぽう、優秀な家電を開発、生産している日本では、なぜそれらの普及が遅れてきたのでしょうか。私は、主婦の地位が低く見なされてきたことと、その主婦が、5万円も6万円もする家電を自由に買うことが許されなかったことに原因があると思います。高い家電を買っても、主婦の仕事を減らしてラクをさせるだけ。もともと、普通の鍋やフライパンで仕事が回っているのならば、買う必要はないだろう、という男性側からの封建的な論調です。

現代でもその論調は拭えきれず、働くお母さんの中には「ラクをしちゃいけない」と自らを縛っている人もいるかもしれません。私が数万円から10万円くらいの調理家電を推奨すると、購入にちゅうちょし、家族会議が必要だと嘆く女性も少なくありません。

しかし、先ほども言いましたが、家電を購入することは、企業と同じように、将来の成長のための立派な「投資」です。家電によって女性の家事労働時間が減り、その分、外部労働をする、または外部労働時間を増やせば、収入につながります。あるいは、家族だんらんの時間にもつながります。

家電に投資した分の回収は、常勤ではなく、パートタイムの賃金でも可能です。例えば5万円の食洗器を導入し、食器洗いにかかる時間が30分短縮できたとします。

時給1000円で働いている場合、30分多く働けば1日500円のプラスです。ひと月20日間勤務していたら、プラス1万円。つまり、5か月間で回収できる計算です。

言うまでもなく、食洗機はその後も働き続け、1日30分多くパートをし続ければ、その分、家計を助けることができます。皿洗いについては、確かに大半の人が手作業でもできるでしょう。しかし、皿洗いはどんなにやったとしてもそれほど上達するスキルではありませんし、機械や人工知能に任せた分、本人はよりやりがいを感じる仕事に就いたほうが、社会全体でも資源配分においてプラスになります。

また、夜に30分間、自分が自由に使える時間が増えたとしたら、その分早くベッドへ入り、子どもと本を読む時間にあてることもできるでしょう。

これは、食洗機だけではなく、ロボット掃除機や調理家電など、すべてにあてはまる話です。毎日、睡眠時間や子どもとのコミュニケーションなど、自分にとって大切な時間を削りながらストレスフルに単純作業に近い家事をするよりも、確実に時短ができる家電に投資をすることをおすすめします。

健康や家族のコミュニケーションにつながるならば、それは投資した金額以上のリターンになると言えます。例えば、今家庭の洗濯を洗いおけと洗濯板で行う人はいないと思います。それは自動洗濯機を使った方が私たちの時間価値が高いからです。これと同じことが調理にも、掃除にも起きているのですが、多くの人がまだそれに気づかずにいるのではないでしょうか。

食洗機
¥50,000
回収
増えた分の賃金が
[500円/1日×20日]
×
5ヶ月
=
¥50,000!
パートタイムが
+30分
食器洗いが
-30分
こどもと過ごす時間が
+30分

家電を駆使して家事をＡＩ化する

【手間をかけない＝生活の質が落ちる時代じゃない】

どの分野においても、変化やイノベーションが起きるときは抵抗する力が働きます。どんなに素晴らしい結果を得られるとしても、それまでのやり方を否定される恐れを感じるなど、不都合に思う人がいるからです。すべて手洗いだった時代に洗濯機が登場したときも、洗濯板を使ってゴシゴシ洗うより、洗濯機で洗ったほうが明らかにきれいになり、生地が傷まないとわかっていても、反対する人はいたことでしょう。

数年前から登場し始めた温度調節ができるＩＨ電気鍋（調理温度が一定に調整できる鍋）やスチームオーブンなどの調理家電、自動で動き回るお掃除ロボットに対しても、反対したい人はいると思います。

しかし、かつてのように「便利な家電を使うことは家事の手抜きになってよろしくない」と今の時代に言うのは、ナンセンスすぎます。

先に述べたように、働くお母さんが昔のままのやり方で、家事をすべて行う事は不可能です。仕事も家事も手間をかけて仕上げて、その上、メイクやファッションにも手を抜かないで頑張る、というのは、時間的にも気力的にも無理があります。無理をして頑張り続けたら、体も心も壊れてしまいます。

【惣菜を買いに行く手間と同じくらい簡単に料理はできる】

私は料理の超ロジカル化を図ってから、弱火や強火などを設定して加熱するＩＨコンロを使うのを一切止めて、複数の調理家電を駆使して料理するようになりました。

なぜＩＨコンロではなく、調理家電なのかというと

1 料理の間そばについている必要がなく、ほったらかしにできる

2 最適な加熱温度に設定できるから仕上がりがおいしい

この2点です。これはガスはもちろんＩＨコンロではできません。なぜなら、ＩＨ

コンロは「入力する火加減」を調整する機能は充実していますが、失敗しない料理に必要なのは「鍋や、庫内の温度が何度か」と言うことだからです。

加えて、ＩＨコンロは「鍋やフライパンの底からしか加熱しない」という致命的な弱点があるため、人間がさまざまな形で手間ひまをかけてあげないと、じょうずな料理に仕上がらないのです。

一方、最新の調理家電はスイッチ１つで料理をしてくれるので、私がやることは材料を切ることと、調味料を入れることくらい。料理の作業量と時間を大幅にカットすることができます。


私が主に使っている調理家電は、シャープのスチームオーブン「ヘルシオ」が2台、象印の温度調節ができる圧力ＩＨ鍋が2台です。ほかにも、アイリスオーヤマの熱風オーブン「リクック」なども持っています。

調理家電の主役になるのはヘルシオです。蒸す、焼く、炒める、ほとんどすべてがＡＩで可能です。また、温度調節ができるＩＨ鍋は、低温調理の煮物やみそ汁を作るときに、大活躍しています。

すべての調理家電を稼働させれば一度に3,4品つくることができる。

1

2

3

1ヘルシオは蒸し機能とオーブン機能、両方を一度に使いたいので、2台持ち。2熱風オーブンのリクックは肉料理のほか、焼き芋もおいしく仕上がる。3圧力ＩＨ鍋も2台持ち。みそ汁用と煮物用に使い分けている。一番右側は炊飯器。

どれも下ごしらえだけやってスイッチを押すだけ。あとはほったらかしで料理をしてくれます。一度にすべての家電を稼働させて、一気に何種類もの料理を作ることもできるので、1食3品の献立を20分で仕上げることも可能です。

例えば、お惣菜やお弁当を買いにお店まで歩いていき、品物を選んでまた帰ってくるだけで、20分ほどはかかりますよね。調理家電があれば、惣菜やお弁当を買う手間ひまと同じ労力で、できたてのおいしい食事が食べられるのです。

しかも、材料費はお惣菜を買う時の半額以下です。

また、忙しい働くお母さんの中には、週末にたくさんの作りおきをつくることで1週間の食事を回している人も多いと思います。

しかし、どんなにおいしいものでも、何日もおいておくと味は落ちてしまいます。

調理家電があれば、1食20分でできたてのおいしいおかずができるので、作りおきをする必要もなくなります。

また、「調理家電なんかで、おいしいものができるの？」と疑っている人もいるかもしれませんが、今の時代にそれを言ったら、頭が硬いと言われかねません。

食材に合わせて一番おいしくなる加熱温度や時間をスイッチ1つで設定できるので、素人には難しい火加減の調整をする必要もなく、おいしく仕上がることは間違いありません。

実際、私の友人は、高校生の娘が調理家電を駆使して作る料理の方が、自分が何十年も鍋やフライパンで作ってきた料理よりもずっとおいしいのにショックを受けて、すっかり調理家電しか使わなくなったそうです。これは、全自動洗濯機が私たちよりもずっとじょうずに洗濯をしてくれることと同じですよね。

また、料理をおいしくするためには欠かせないといわれる数々のめんどうな手間さえ、調理家電の場合は不要になります。

たとえば、肉や野菜を煮るときのアク取り。食べ物のアクは、高温で加熱することで発生してしまうものです。火を使ってグラグラ煮るから、わざわざお鍋の前に張りついてお玉ですくい取る手間が生まれます。

その点、低温調理が可能な調理家電ならアクが出ることがありませんので、その手間から解放されます。さらに雑味もなくなるので、おいしさはアップします。

根菜類の角を取る面取りにしても、高温で調理するから食材同士がぶつかって角が削れるから、あらかじめ角を取る手間が生じているだけ。低温調理なら食材がぶつからないので、面取りの必要はありません。

つまり、かける手間とおいしさは比例しない時代になったのです。


【「調理家電の電磁波は体に悪い」はオカルト】


電子レンジが出始めた頃も、レンジだとじょうずに加熱できない、味が落ちるなど、いろんな反対意見があったことが思い出されます。

それが、今や電子レンジは1家に1台の時代。2人以上世帯の普及率は97・8%と、冷蔵庫の98・9%とほぼ変わらない普及率です（平成26年「全国消費実態調査」総務省調べ）。

調理家電に反対する人の中には、調理中に発生する電磁波が食材を変性させたり、人体に悪影響がある、と言う人がいます。しかし、電磁波が体に与える影響を考えるならば、耳に直接当てて使う携帯電話やスマートフォンのほうが、数段悪いのではないでしょうか。

彼らは特に、電子レンジの電磁波を嫌いますが、電磁波の原理を考えてください。電磁波は水分子を振動させることによって熱を発生させ、食材を加熱しているだけです。それで人体に悪影響を及ぼす、というのはオカルトです。

中には、電子レンジは体に悪いけどそのほかの炊飯器や湯沸かし器は大丈夫、という人もいますが、それでは理屈が通りません。すべて、同じ調理家電です。これはいけど、これは悪い、ということはないのです。

非科学的なこだわりから、時間と労力を浪費する家事のやり方を続けるのは、人生の大きな損失でしかありません。特に働くお母さんの場合は、一番大切にすべき時間をムダに費やしながら、ストレスフルな家事をし続けていることになります。

昔から家事の「困ったな」を解決するのは、手間や時間をかける「おばあちゃんの知恵袋」ですが、忙しい現代においてはそれでは解決しきれません。

それにとってかわるのは、手間も時間もかからない新たな道具だと思います。そして、これらの道具の裏側にあるのは、科学の進歩です。私たちの現代社会が快適に暮らせるのは、他の人の知恵を活用する、すなわち科学の進歩があったからです。それを活用しないままに毎日同じことをするのは、現代においては大変もったいないと思います。

私は調理家電と同じく、掃除は掃除ロボットのルンバとブラーバを使い分け、洗濯・乾燥はミーレというメーカーの洗濯機と乾燥機を使い、ほぼすべての家事をAI化しています。

家電を働かせている間、仕事をしたり、ほかの家事を片づけたりするのが、今の日常です。料理と掃除と仕事のマルチタスクを、家事のAI化は可能にします。

夜遅く帰宅した日などは、就寝前に調理家電をセットして、そのままベッドに入ることもよくあります。寝ている間に、調理家電が朝ごはんを作ってくれたり、留守中に部屋の中を掃除してくれるのは当たり前の生活です。

トレイ1つでイノベーションは訪れる

【「不便」「めんどう」をクリアする方法を探し続ける】

家事の超ロジカル化にAI化は欠かせませんが、最新式の家電をいきなり買いそろえる必要はありません。まずは家にあるものを、最大限に活用することを考えてみるといいと思います。新しい道具を買うと、買ったことに満足して活用しきれないことが多々あるからです。

本と一緒で、買っただけで読んだ気になる、という〝積ん読〟と同じです（笑）。

低温調理に興味がある方は、まずは炊飯器で試してみてください。

ネットで「炊飯器調理」というキーワードで検索すると、煮物、蒸し物、スイーツまで、あらゆるものが作れることがわかるはずです。

今お持ちの電子レンジも、改めてマニュアルを読み込めば、意外な機能が見つかって、調理の幅が広がることが多々あります。

オーブン機能があるオーブン電子レンジなのに、いわゆる「チンする」という電子レンジ機能しか使っていないという人も多いでしょう。オーブンも、ほったらかし料理にもってこいの調理ができますから、使わない手はありません。

新しい調理家電を買わなくても、今家にあるものでできることがたくさんあることをまず知ってください。新しい調理家電を買うのは、その次で遅くありません。

意外と活用されていないのが、コンロについている魚焼きグリルです。最近のグリルには、温度管理ができるオートメニューがついているものも多くあります。フライパンで肉や魚を焼くよりも、グリルのほうがほったらかしでおいしく焼ける——そのこと自体に、気づいていない人も多いのではないでしょうか。

とはいえ、魚焼きグリルは「使った後に網やトレイを洗うのがめんどう！」という理由で使うのを敬遠しがちでしょう。かつての私も、その１人でした。

ところが、この状況をガラリと変えたのが、ミニサイズのオーブントレイや、小さなフライパンでした。

私はアマゾンで900円で購入したものを愛用していますが、このミニトレイに具材を乗せて、グリルの網の上に置いて調理するのです。言ってみれば、トレイ・オン・トレイのような状態になります。

こうすると、グリルが汚れません。洗うのはミニトレイのみ！　これで、魚焼きグリルを使うのが劇的にラクになりました。

においがつきやすい魚用と、それ以外の具材用に分けて、2つ買っても1800円。それでグリルの使用回数が増えて、その分、お惣菜代などが減れば、家計的にも、健康的にも、まったくムダな投資ではありません。

スペアリブや鶏手羽に塩・コショウしてグリルするだけでも、グリル調理ならではの仕上がりを楽しめます。塩とコショウのほかに、カレー粉や粉チーズ、バジルをかけて焼くのもおすすめです。鶏のもも肉や胸肉でも、同様に調理できます。

1

2

1アマゾンで見つけたミニトレイ。900円という値段をはるかに上回る便利さで、アマゾンのレビューも絶賛が多数。2魚焼きグリルの上にそのままのせて焼くだけ。後片づけはミニトレイをさっと洗うだけと、劇的にラクになった。ヘルシオやリクックで使うことも。

【不便を放置しない】

魚焼きグリルにミニトレイを乗せて使う方法は、たまたま見ていた料理本で、ミニトレイの代わりにアルミホイルを使っているのを見たのがきっかけでした。

その瞬間思ったことは「どうして今まで気づかなかったのだろう!?」ということ。そしてミニトレイを使いだして実感したのは「なんて便利なんだ!」という画期的なまでの利便性でした。こんな小さなトレイ1つで、キッチンに絶大なイノベーションが起こったということです。

「不便だな」「めんどうくさい」と感じたときは、それを放置せずに、解決する方法や道具を探すという行動に結びつけてみてください。

それは、実は家事をしている全員が感じていることで、ちょっと探すとその解決法を誰かがすでに発明していることが多いのです。このミニトレイがそのいい例です。魚焼きグリルの後片づけをめんどうに思っている先達が、すでにいたというわけです(笑)。

こうした、ちょっとした工夫で家事が劇的に便利になる体験を1つでも味わうと、ほかにもイノベーションできることはないかとアンテナが立つようになり、今まで見て見ぬふりをして来た「不便さ」「めんどくささ」に気づきやすくなります。

例えば、食洗機の乾燥です。

うちの食洗機は、初期設定のままだと「乾燥コース」が30分ついています。でも、あるときふと「高温洗浄するから、洗浄後は自然乾燥でもすぐ乾くはず。この乾燥コースはいらないのではないか?」と思い至ったのです。さっそく「乾燥コース」をオフにしてセットし直したところ、予想したとおり、すぐに乾きました。

これで食器洗いが30分早くなり、電気代の節約もできるようになりました。何よりも、乾燥を待たずに2回目のお皿の洗浄ができるようになったのです。

台所用洗剤でも、同じような気づきがありました。

友達がうちに遊びにきたときに、いつも食器を洗っている洗剤でレタスを洗っていました。「え、いいの!?」と思って聞いたら、うちの台所用洗剤は野菜も洗えるタイプだったのです。ちなみにその洗剤は、普通のスーパーやドラッグストアで売っている花王の「キュキュット」です。商品の裏面を見れば「野菜・果物・食器・調理用具用」と、野菜が洗えることが一番に明記してあります。

この洗剤のおかげで、スポンジを食器用と野菜用で分ける必要がなくなりました。同じスポンジで、お皿を洗った後にゴボウも洗っています。2つあったスポンジが1つ減っただけでも、水回りの見た目がすっきりしました。何より「こっちのスポンジはどっち用だったっけ?」と考える手間がなくなって、快適です。

とても小さなことですが、家事のめんどうくささはこうした小さな手間が積み重なって、大きいストレスとなります。

だからこそ、一つひとつの手間や不便をキャッチして、改善を重ねることでストレスが軽減され、家事のイノベーションを起こせるのです。めんどうなことこそ、解決のしがいがあります。

【マッキンゼーで叩き込まれた「フレームワーク思考」】

家事や家計の超ロジカル化を図る上で、基本となった考え方が「フレームワーク思考」です。

あらゆる物事は、まずフレーム＝「枠組み」を決めてから情報を整理し、それに合わせてトップダウンで決めていき、そこで仮説を立てた後で、ボトムアップでその効果を検証していくという思考法です。かつて勤務していたマッキンゼーで、徹底的に叩き込まれた考え方です。

たとえば、収納にこの考え方を応用してみましょう。

フレームワーク思考では、「この〝もの〟をどうやったら収納できるか」と考えるのではなく「いまある収納スペースに対してどれだけのものを収納できるのか」と考えます。

収納スペースに入る量は決まっていますから、すでにいっぱいの場合、新しいものを買うときは、古いものを捨てなければいけません。

収納スペースという枠は、引っ越してスペースを広げない限り、変わりません。収納するものの数を、調整する必要があると考えるわけです。そして、収納スペースに対して次は優先順位をつけて、実際に数を減らしてみます。減らし過ぎたときにはまたボトムアップで、優先順位の調整をすることになります。

料理をフレームワーク思考で考えたとき、私が枠として設けているのは、タンパク質、炭水化物、ビタミンの3種類を食べ物で満たす、ということです。

そうすると、どうしてもご飯を炊かないといけないとか、みそ汁を作っておかなければいけないといった考えから逃れて、具だくさんのスープでは鶏肉とキノコを、野菜のオーブン焼きでたっぷりの根菜と豚肉を、そして、サラダで野菜と炭水化物の含まれたフルーツをとるということができます。

これらの枠に合わせて、数日に1度、必要な量のタンパク質、炭水化物、ビタミンをスーパーマーケットから具材として配達してもらえばいいわけです。

家にある食材で何ができるか、と考えて、あとは組み合わせて調理するだけなので、メニューに迷うことがありません。

これを私は、「思考の節約」と言っています。

特別な日にケーキを作るときにも、いくつか自宅の常備した材料だけでできるケーキを覚えています。つまり、メニューや献立を考えるのではなく、フレームワークから必要なことを割り出し、そこに材料をあてていくのです。

このフレームワーク思考が身につくと、あらゆるシーンにおいて、自分がまずなにを目的にしたいのか、と考えて、それを叶えるためにはどういうプロセスやスキル、道具が必要なのか、と逆算して考えるようになります。

いつか昇進したい、ではなく、昇進するためには、何をすればいいか。

いつか趣味を仕事にしたい、ではなく、趣味を仕事にするためには、何から始めればいいか。

目的意識が明確になると同時に、その目的をかなえる力も養えるので、ロジカル家事に慣れると、間違いなく、仕事の効率も上がります。

家事ストレスゼロで得られるメリット

家事ストレスがなくなることで、具体的にどんなメリットが得られるのかを次にあげておきます。

①家の外で働くことで稼げる時間が増える

家電によって女性の家の中の労働時間を減らし、その分家の外での労働を増やせば、収入につながる。単純作業から逃れ、よりやりがいのある仕事に就くこともできる。したがって、家電の購入は立派な「投資」と言える。投資した分の回収は、簡単。週に数日のパートでも、2カ月以内に回収できる。その後も働き続ければ、収入になる。

②ムダ遣いが減って、お金が貯まる

店頭で売っているお惣菜や外食の値段には、原材料費のほか、加工費や人件費、もうけが入っている。調理家電を購入して自炊したほうが材料費以外かからず、調理家電の電気代や購入費を考えても、トータルでは格段に安くすむ。

③健康的になる

オートメニューで失敗がなく、お惣菜や外食よりもおいしくて、健康的なものが食べられるのも調理家電の大きなメリット。真面目な人ほど「ちゃんと自炊したいけど、忙しくてできない」と自分を責めがちだが、その精神的ストレスからも解放される。

④育児や趣味などをする精神的余裕が生まれる

家事負担が軽減すれば、子どもと過ごす時間を増やせる。子どもの機嫌がよくなると同時に、それまで育児に時間を割けなかった不安も薄れる。趣味を始めたり、読書や映画鑑賞をして楽しむ精神的余裕も生まれる。

⑤仕事の段取りも上手になる

家事の超ロジカル化の基本となるフレームワーク思考によって、自分がまず何をしたいのか、と考えて、それをかなえるにはどういうプロセスやスキル、道具が必要なのか、と逆算して考えるようになる。思考の節約ができて、迷うことが減り、物事をスムーズに進めるための段取り力もつく。さらに、目的をかなえる力も養えるため、仕事の効率が確実に上がる。家事が仕事の訓練になる。

【家事が回ると「自己肯定感」が上がる】

いかがですか？　超ロジカル家事で得られるメリットは家庭だけでなく、仕事にもよい影響があらわれます。

私自身、超ロジカル化を図って家事の主担当に復活してから痛感することは、常に部屋をきれいに保てて、洗濯物もたまらず、おいしい食事が自宅で食べられるのは、精神衛生上とてもいい、ということです。

家の中が散らかっていると「掃除しなければいけない」というプレッシャーで心が

病みます。すぐに掃除できれば、病みません。できないから、病むのです。

同じように、「子どもに手作りのきちんとした食事をさせたい」と考えている真面目なお母さんほど、忙しさから総菜や外食での食事が続くことで、罪悪感を膨らませてしまいます。


家電で家事をAI化し、一つひとつの「当たり前」として放置してきた不便なこと、めんどうな手間をクリアすることで、これらのストレスから解放されます。すると、家だけではなく、仕事場でも機嫌よくニコニコと仕事ができるようになるのです。

私自身、今は家にいて家事をすることがまったくいやではなく、むしろ楽しめるようになりました。

次の章からは、料理や掃除など、具体的な項目別に、超ロジカル家事のテクニックについて詳しく解説していきましょう。

第1章

超ロジカル料理編

家事の最大負担ジャンル、料理をラクにする

【ラクで時短でおいしくなる「超ロジカル料理」】

家事の中でも、多くの方が一番負担に感じているのが、「毎日の料理」ではないでしょうか。なんせ、1日数回は食事があります。

そのたびに献立を考え、買い出しをして、材料を洗い、皮をむいたり切ったり。炒めて、煮て盛り付けて――最後は食器と調理道具の洗いものの山。

これだけのことを仕事の前や帰宅後、育児の合間に実行しなければいけません。

私はもともと料理が苦にならないタイプですが、仕事をしながらこの大仕事を1日3回行うことはとても無理だと感じていました。

おいしいものが大好きなので、まずい手抜き料理や買ってきた惣菜をがまんして食べることも考えられません。

つまり、私が欲しい結果は「最小限の時間と手間で、おいしい食事を家で作ること」でした。私はこの目標を実現するために、この数年間、研究をし続けました。１００冊以上の料理本を読み、いくつもの料理教室に通い、数々の調理家電や調理道具を使って、トライ&エラーを繰り返し、料理のロジックを構築したのです。

結果、ほぼ完成した「超ロジカル料理」の利点は次の通りです。

1 調理時間が劇的に短縮できる

2 調理家電を活用するのでほったらかしで料理ができる

3 材料ごとに最適な温度、時間が設定できるので間違いなくおいしく仕上がる

4 自炊がラクになるので外食しなくなり、食費が安くなる

実際に人前でこの「超ロジカル料理」を実演すると、みなさん一様に、その時に係る手間ひまと味のバランスに驚きます。手足を動かすのはおそらく10分、長くても20分ぐらいです。それなのに、お店で食べるよりもずっとおいしい料理ができるからです。

次ページからは、それぞれの利点についてお話していきましょう。

調理時間が劇的に短縮できる

【外食のほうがめんどうになるほど自炊がラクになる】

一般に、夕食作りには平均で51分かかるそうです（トレンダーズ&キユーピー調べ）。中には、「1時間以上」という主婦も51%いました。

6時定時の仕事の場合、夜7時頃に帰宅できたとして、そこから食事を作るとなると、できあがるのは8時近くということです。それでは子どもたちの就寝時間も遅くなり、本人もヘトヘトになるでしょう。精神的にもまいってしまいそうです。

とはいえ、毎日外食、毎日できあいのお惣菜を買って帰る――というのも、まじめなお母さんほど、「もっときちんとしたものを食べさせてあげたい」と自分を責めてしまいます。

しかし、前章でも述べましたが、料理も超ロジカルにすれば、お惣菜を買いに行っ

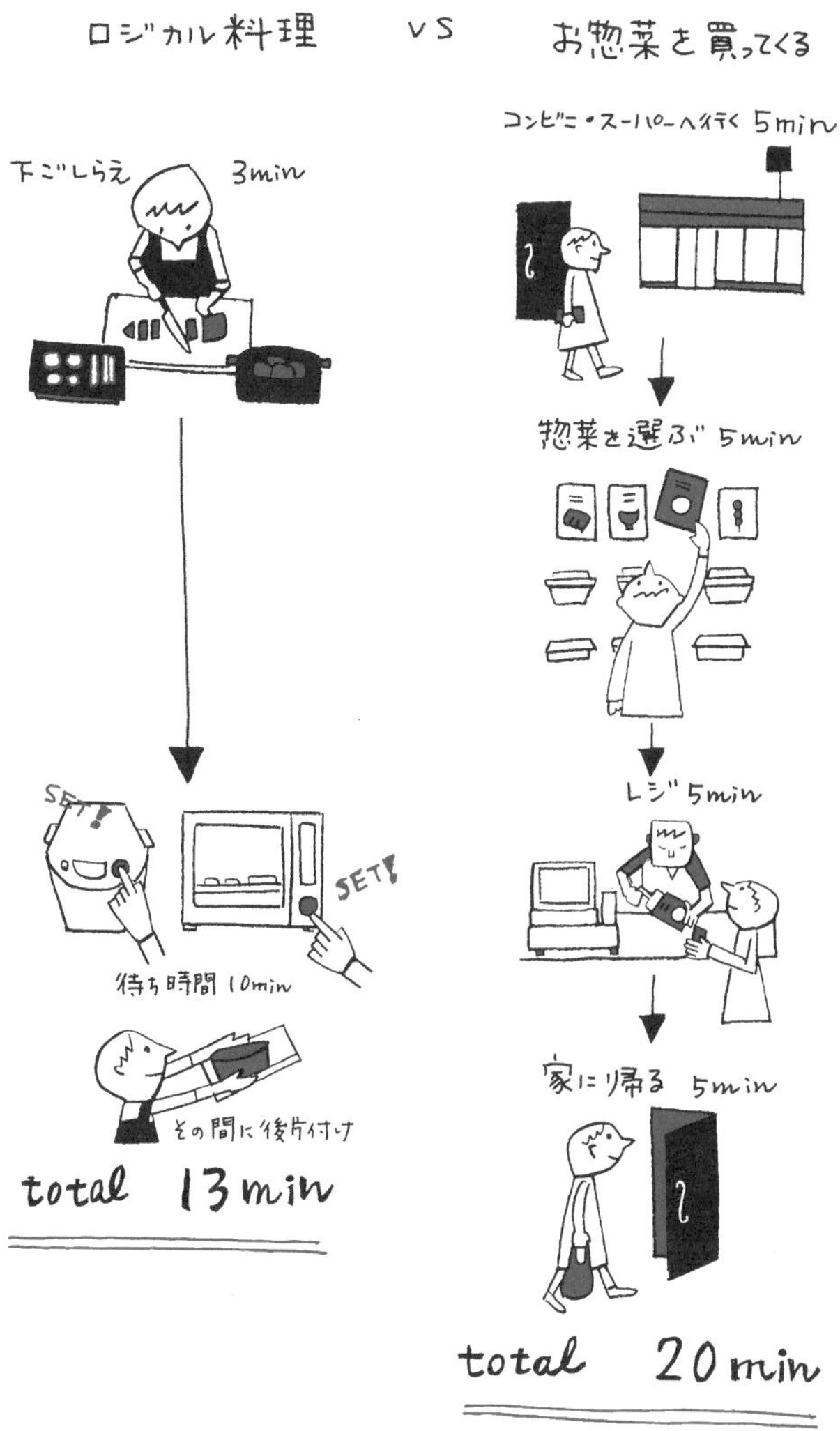
ロジカル料理
vs
お惣菜を買ってくる
下ごしらえ 3min
SET!
SET!
待ち時間 10min
その間に後片付け
total 13min
コンビニ・スーパーへ行く 5min
惣菜を選ぶ 5min
レジ 5min
家に帰る 5min
total 20min

て帰ってくる20～30分の間に、ラクに2～3品作れます。

【5分、10分の隙間時間で料理が終わる】

私の場合、仕事の時間が不規則なこともあり、決まった時間に料理はしません。というのも、ロジカル料理の場合、まとまった時間が必要ないので、1日のうちの隙間時間――みなさんが「テレビを見る」「トイレに行く」「お茶を飲む」ぐらいの、5分、10分のちょこちょことした隙間時間で料理ができるからです。

そのため料理のタイミングは様々で、朝食は朝、夕食は夜に作るとは限りません。

先日は、夜の10時過ぎにテレビの収録から帰宅しました。緊張する仕事だったのでとても疲れてはいましたが、10分だけがんばって下ごしらえした肉や野菜を温度調整ができるIH電気鍋に入れ、スイッチを入れてからベッドへ入りました。そうすることで、寝ている間に朝ごはんができるから、朝が格段にラクになるわけです。

感覚としては、夜10分のひとふんばりで、朝30分がプラスになります。

逆に、朝早く出るときは、IH電気鍋に夕食の仕込みをして出かけます。そうすれば、帰宅後すぐに、夕食を食べることができます。

もし朝に仕込む時間がなくて帰宅後に作ることになっても、20分で2〜3品できあがるので、特に負担になりません。

いずれにしても、「早く帰って食事の支度をしなくちゃ！」というプレッシャーから解放されます。

【時短をかなえる3つのルール】

どうしてそんなに早く料理ができるのか。その理由を解説していきましょう。

時短ルール1　調理家電をフル活用する

超ロジカル家事に欠かせないのが、ＡＩ家電です。特に負担の大きい料理に導入すると、生活は劇的に変わります。

前章でも述べましたが、私は複数台の調理家電を駆使することで、一度に2、3品を作ることができるようになりました。一品一品手作りしていたときは、2倍も3倍も時間がかかっていました。

今はヘルシオや温度調整ができるＩＨ鍋、リクック（ノンフライヤー）などの調理家電のみを使い、コンロを使った料理は一切していません。すると、台所にある変化が起きました。

台所全体が油っぽくなったり、においがつかなくなったのです。これまで年中掃除していた換気扇周りは、常にピカピカです。コンロを使わないので、毎日のめんどうなコンロ台の掃除も不要になりました。

料理をするときは油も使いますし、魚も焼きますが、油やにおいはすべて、調理家電の中に閉じ込められるので、床の壁や床のどこにも飛び散らないのです。そのため、台所の床も油っぽくなりません。コンロを使わないようになって初めて、これまで開放空間で調理をしていたから、汚れが飛び散っていたのだなぁと気づきました。

調理家電は、調理時間だけでなく、台所やシンク周りの油汚れ掃除のあの苦痛な時間さえもなくしてくれるというわけです。

時短ルール２　下処理がラクな食材を選ぶ

私は日常的に使う食材は、扱いやすいものだけに限っています。加えて、１００gあたりの値段や栄養価のバランスも考えて、買う・買わないを決めています。

扱いやすさというのは「下処理がラク」ということです。

例えば、肉は固まり肉よりも、最初からカットしてあるものを買うほうが手間はぐんと省けます。肉を切ったまな板と包丁は一度洗わなければいけないので、その工程もなかなかめんどうで時間をロスします。ひき肉や小間切れ、スライス、手羽元はそのまま調理に直行できるのでラクな食材です。

魚介類も同じ理由で、下処理がめんどうだったり、高すぎるものは買わないのが習慣です。

野菜も同様です。野菜はただでさえ「洗う」「皮をむく」「切る」など複数の作業が発生しますから、時短を考えて選ぶだけで、合計の調理時間がかなり短縮されます。どうしても食べたいメニューがあって、それに必要な食材であれば処理がめんどうでも買いますが、わざわざ日常的に買うことはありません。

また、最近ではカット野菜が当たり前に売っています。忙しい働く母親にとって大変便利ではありますが、葉物野菜や根菜類の場合は、カットされて時間がたつとどうしても味が落ちます。そのためうちでは味が落ちないシメジ以外のカット野菜を買うことはありません。

同じく、冷凍野菜もくじけました。これまで、ニンジンとゴボウ、ほうれん草、ブロッコリーなどを試しましたが、どうやって料理してもおいしくできなかったので、買い物リストから外すことにしました。水分が多い野菜類は、どうしても冷凍解凍を繰り返すと、野菜のおいしさや歯ごたえが失われてしまうのです。

おいしさを犠牲にした便利な食材は、「生活の質を落とさない」が信条の超ロジカル家事には向いていないといえます。

左に私がよく買う食材リストを載せましたので、参考にしてください。

よく買う・買わない野菜

白菜	×	大きくて場所を取る、消費する前に傷む、栄養価が低い
キャベツ	×	〃
レタス	△	日持ちしない、栄養価が低い
ホウレン草	◎	よく買う葉野菜の代表、栄養価が高い
小松菜	△	ホウレン草がないときに買う程度
ニラ	◎	よく買う香味野菜、タレにも使える
ピーマン	◎	よく買う緑黄色野菜の1つ、場所を取らない
パプリカ	◎	〃
カボチャ	◎	よく買う緑黄色野菜の1つ
トマト	◎	よく買う生食食材、扱いがラク、栄養価が高い
きゅうり	◎	〃　、場所を取らない
ベビーリーフ	◎	切る必要がない、レタスなどの葉野菜の代わり
里いも	△	泥やヌメリがあって扱いづらく、滅多に買わない
大根	◎	汁物と煮物によく使う
オクラ	△	〃
キノコ類	◎	よく買うのはシイタケ、シメジ、エノキ
レンコン	◎	煮る、蒸す、焼くのすべてにむく、日持ちする
ジャガイモ	◎	〃
ゴボウ	◎	〃
ニンジン	◎	〃
タマネギ	◎	〃
サツマイモ	◎	おかずとスイーツの両方に使える
アボカド	◎	よく買う生食食材、栄養価が高い
もやし	×	傷みが早いから買わない
インゲン	×	筋取りがめんどう、さやいんげんも同じ理由で買わない
ナス	◎	和洋中のすべての料理に使える
バナナ	◎	生食やバナナチップにしておやつにする

よく買う・買わない肉&魚介類

鶏もも肉	◎	カットしてある唐揚げ用をよく買う
鶏むね肉	◎	一枚肉で買ったら、鶏ハムにして保存する
鶏ひき肉	×	高い
鶏手羽元	◎	グリル調理によく使う、煮物にもむく
豚ロース肉	◎	スライスをよく買う、色んな料理に使える
豚もも肉	◎	〃
豚こま肉	◎	細切れだから使いやすい、色んな料理に使える
豚バラ肉	×	脂が多い
豚ひき肉	◎	安い、豚と牛の合い挽きもよく買う
豚ひれ肉	△	とんかつを作るときだけ買う
牛肉全般	×	高い、ほぼ買わない
サケ	◎	安い、可食部が多い
アジ	◎	安い
ブリ	◎	焼く、煮るの両方にむく、可食部が多い
イワシ	◎	安い
サバ	◎	安い、焼く、煮るの両方にむく、可食部が多い
サンマ	◎	安い
メカジキ	◎	安い、可食部が多い
ギンダラ	×	高い
サワラ	×	高い
貝類	×	コスパが悪くて、扱いがめんどう
エビ	×	高い、牛肉と同じ「スペシャルゲスト」の食材
イカ	×	ごくたまに、生食用を買う
タコ	×	〃
干物	△	安売りしているときに買う

時短ルール3　野菜や肉は、蒸してから使う

みそ汁や煮物を作るとき、多くの人は鍋の煮汁の中で野菜や肉を煮ると思います。しかし、これは煮上がるまでに時間がかかるし、アクなども出やすいので、私は推奨しません。

例えば、スープを作ろうと思った場合、だし汁を電気鍋で温めている間に、野菜と肉を同時にヘルシオで蒸してしまうのです。そうすると、どちらも10～15分で出来上がりますから、15分後にそれを合わせるだけで、後は味付けをすればおいしいスープの完成です。

しかも、ヘルシオを使うとスチームの温度を70℃から100℃まで、5℃刻みで調整することもできます。例えば、ほうれん草は100℃だと高すぎるので、70℃で蒸します。いっぽう、大根や人参などは90℃～100℃で蒸すわけです。

私にとって、ヘルシオは巨大な蒸し器のような存在です。食材は茹でるよりも蒸し

たほうが、栄養の損失が少ない点でも重宝しています。

ヘルシオなど、スチームオーブンの蒸し機能は水の処理が大変なため、使わない人も多くいますが、本当の蒸し器でやるよりはずっと簡単です。本当の蒸し器ですと、巨大な鍋の中で大量の水を用意し、茹でこぼすのも大変です。

それが、ヘルシオなら小さなカセット一杯の水で、さまざまな蒸し機能が可能になるのです。しかも庫内も30リットルありますから、相当な量が蒸せます。この時に、ヘルシオの付属の網を使ってもいいのですが、網の目が荒く、野菜が落ちてしまうため、私は通常のザルも併用しています。

多くの場合、ヘルシオのような機械を使うときには、ムリしてでも付属品を使おうとするのですが、付属品でないものを工夫して一緒に使うということをマスターすると、柔軟な運用ができるようになります。

とにかく、料理において

「煮る」

というのは、とても非効率だし、アクも出やすいし、栄養も逃げがちなので、なるべく使わない手段を覚えると、調理が格段にラクになります。

もちろん、こういった下処理はシリコンスチーマーを使って電子レンジでも可能ですが、その場合、出力が高すぎて調整に手間取ってしまうことと、表面と内部の温度差が生じやすくなります。そのため、私は蒸し機能を愛用しています。

しかし、すべての家にヘルシオがあるわけでありませんので、もしこういった蒸し機能がない場合は、野菜をぬらして加熱するなど、電子レンジ機能を使って蒸す下処理にもチャレンジしてみてください。

時短ルール4　出汁はほったらかしの「水出汁」がラク

自炊している家庭なら、1日に一度以上は出汁をとっていると思います。鍋にお湯を沸かして、かつお節や煮干しを入れて、それをざるで濾して――と、かなりの重労働です。とてもじゃないですが、やってられません。

かといって、おいしいもの好きの私には、顆粒の「だしの素」を使うという選択肢はありません。実はあの市販のだしの素ですが、よーく見ると、だしよりも塩分の方が多かったりします。そのため、だしの素を使うと塩分調整も難しくなるので、私は敬遠してます。

だしの素を避けるため、長い間、耐熱容器に昆布や煮干しと水を入れて、電子レンジで加熱するという方法を取っていました。それが一番の時短方法だと思っていたからです。ただ問題は、それには6分から7分の時間がかかることです。

それがあるとき、たまたま買った煮干しの袋に、水出しの出汁の取り方が推奨されていたのです。水にただ浸すだけなので、煮干しの頭やワタから雑味が出ないため、わざわざ取り除く必要もいりません。電子レンジ法よりもずっとラクです。

それを見つけて以来、出汁は水出しに切り替えました。もちろん、水出しの場合、少なくとも3時間、できれば6時間ぐらいの時間をおく必要があります。

出汁を「常備しておく」という発想に変えれば、一度使ったらすぐに次の出汁を用意しておけばいいため、これまでの7分間かかる出汁から、冷蔵庫にすぐに使える出汁がある状態に変わりました。

容量が700ccの水出汁専用のポットに、700ccの水と煮干し21gを入れます。割合で言うと、水100に対して、煮干しは3になります。冷蔵庫に入れて、半日たてば出汁が取れます。

この水出しも、多くの場合は煮干しではなく、昆布とかつお節の合わせ出汁の方が推奨されていますが、これも実際に子どもと食べ比べてみたところ、結論としては「煮干し出汁で充分だ」ということになりました。

なぜなら、昆布とかつお節を一緒にする理由は、それぞれに持つ旨味成分のグルタミン酸とイノシン酸を合わせることで、出汁としてのおいしさを引き出せるからです。単体では、おいしい水出しの出汁は取れません。

一方、煮干しは、2つの旨味成分を両方含有しているので、単体でOKです。かつお節と昆布を別々に用意する手間を考えると、一種類だけ管理をした方がラクなので、家ではもっぱら煮干し専門になりました。なお、煮干しは生ものですから、冷蔵保存か冷凍保存が必要です。

我が家では冷凍庫はほとんど使っていないので、もっぱら、煮干しを入れるコーナーになっています。これはこれでラクでして、「煮干し＝冷凍庫」と言う構図が頭に入っていますから、「どこに入れたっけ？」と探す手間がありません。

「水出しなんかで、おいしい出汁が取れるの？」と疑っている方も、ぜひ一度試してみてください。煮出さないのでえぐみや臭みが出ず、おいしくて澄んだ出汁が取れます。さらに加えると、頭やワタを取る必要もなくなります。

昔ながらのやり方で、大きなお鍋でお湯をわかしてそこに大量のかつお節を入れて煮こぼすよりも、味は断然上です。

我が家では、和食だけでなく、カレーにもこの水出汁を使っています。

1冷凍庫に大量の煮干しをストック。1600 g 入の大袋で注文するとコスト安に。
2料理研究家・村上祥子先生考案の出汁ポットを愛用。内部にこし器が付いている。もともと電子レンジで出汁をとるための耐熱ガラス製だが、今は水出汁専用として使用中。

手間をかけないほうがおいしいことにショックを受ける人もいるかもしれませんが、すみません、事実です。

いつも煮干しはネットで1600gのものをまとめ買いして、冷凍庫で保存します。

時短ルール5　時短キッチンツールを活用する

「不便だな」と思ったとき――その不便を解決する道具をアマゾンなどで検索してみると、面白いようにドンピシャな道具が見つかることが多々あります。自分が不便に感じることは、みんな同じく不便、ということです。

特に、野菜や果物の皮をむいたり、切ったりするカッター類は、種類が豊富。世のお母さんたちが、いかに野菜や果物の下処理に苦しんでいるのかがわかります（笑）。それらを使うとびっくりするぐらい早く、下処理が終わります。

ここでは私が試してみて「これは便利！」と確信した、時短キッチンツールを紹介しましょう。

①キッチンバサミ

どの家庭にも1本はあると思いますが、意外と使う頻度は低くないでしょうか。

私は料理家の奥薗壽子さんの本で、キッチンバサミは包丁の一種、と学んでから、使用頻度がぐんと上がりました。シイタケのいしづきやホウレン草の根部分はハサミのほうが断然切りやすいです。包丁だとなかなか切れない、鶏むね肉の皮もスパッと切れます。特に、ヘルシオで蒸した後は具材が熱くなったり、柔らかくなっているので、包丁よりはハサミの方が切りやすいと感じています。

②野菜&果物専用カッター

リンゴの皮むき器をはじめ、トマトのへた取り器、アボカドスライス器、キウイを半分に切って中身をくり抜くものなど、よく使う食材には専用カッターを活用しています。包丁を使うよりも格段にスピードアップしました。

レバーを回すだけで、一瞬で皮むきが完了するリンゴ専用皮むき器。

②フレンチフライカッター

ジャガイモを棒状にカットするフレンチフライカッターは、娘がポテトフライ好きで頻繁に作るので買いました。包丁の場合、1個につき最低8回カットしなければなりません。それをじゃがいも4、5個分は本当にめんどうでした。今では、ジャガイモをカッターにセットすれば、1回のカットで済みます。

短時間ですむ分、酸化しないうちに調理できるのもメリット。週1回など、頻繁に使うものなのでコスパはいいのです。

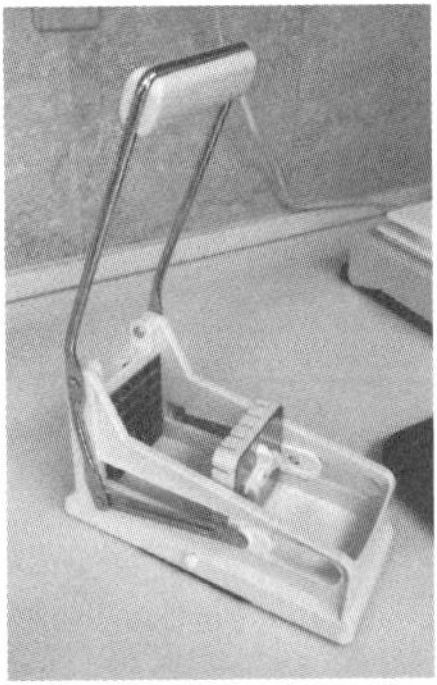

カッター中央にじゃがいもをセットしてレバーを下すだけで、一瞬で拍子切りに。それをリクックで焼き上げればノンフライのヘルシーなフレンチフライが簡単にできる。

③餃子づくりが加速するアイスディッパー

我が家では、餃子を作るときに皮に具をの

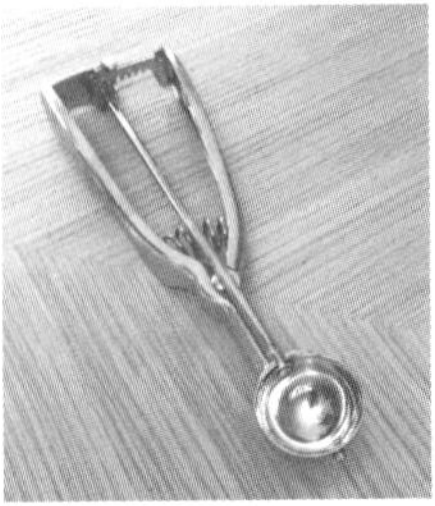

ミニサイズのアイスディッパー。餃子だけでなく、がんもどきなどの肉団子系を作るときに便利。手早く、均一な仕上がりになる。

せるのはアイスをすくうアイスディッパー（小さい8ccサイズ）を使っています。餃子の皮をまな板などの上に広げて並べたら、その上に具をポン、ポン、ポン、と。これを使うと手早く、かつ、均一に具を分けることができるので非常に便利。

ネットで検索すると、サイズは10種類ぐらいあります。アイスディッシャーという名称のものもあり、私はアマゾンで１６２０円で購入しました。

④調味料が一度に計れるミニ計量カップ

煮物を温度調整ができるＩＨ鍋いっぱいに作るときなど、味付けのしょうゆは大さじ1杯では収まりません。何度も計るのはめんどうだなーと思っていたとき見つけたのがミニ軽量カップ。大さじ3杯分以上の50㎖まで、一度に計れます。スーパーで４００円台だったと記憶しています。

大さじ３までが一度に計れる、ミニ軽量カップ。これ１つで、調味料を計るスピードが格段にアップ。

ほったらかしで料理ができる

【新たな時間が生まれるのが最大メリット】

今は家庭料理も機械に任せる時代です。手をかけて作ったほうがおいしい、なんてウソです。

素材ごとに最適な調理温度と時間は異なり、つきっきりで料理したとしても、温度計とにらめっこをして、適温に保ち続けるのは不可能でしょう。調理家電なら、それがボタン1つで可能です。

鶏肉の塩焼きを作るにしても、フライパンで焼くとつきっきりでそばにいることになります。それが、オーブンレンジなら、時間と温度を設定してボタンを押せば、できあがるまでほったらかしにできます。その間の10～20分は、もう1品作ったり、他の家事を片づけたりできるわけです。

ほったらかし料理は、新たな時間を生むので、家事の処理スピードが倍化します。

また、専門的な話になりますが、鶏肉をフライパンで焼くと、フライパンから来る
「伝導熱」

と呼ばれる、下からあたためる熱しか原則届きません。

そのため、上部と下部の温度差が大きくなり、内部にはなかなか熱が行き届かないことになります。だから、ひっくり返す手間や、ふたが必要になるのです。

いっぽう、これをオーブンレンジで作りますと
「輻射熱」

「対流熱」

と言われるような、具材を全体的に空気で包み込むような熱が生じるため、まるでかまどのような状態になり、全体をじっくりとおいしく作り上げることができます。

しかも、ひっくり返す必要もないのです。

過去においては、大きなかまどがないとこういった大がかりな調理ができなかった

のですが、今は1万円台のオーブンレンジで簡単に作れるようになりました。

今流行の

「バーミキュラ」

というとても高価な鍋は、この伝導熱、輻射熱、対流熱の3つをガスコンロで実現しようとした鍋です。

個人的な意見ですが、私はバーミキュラを買うぐらいだったら、初めからオーブンレンジを使えばいいのにと思っています。

【ほったらかし調理家電は型落ち品で十分】

調理家電は、最新機種を買う必要はありません。型落ち品で十分です。最新機種と1つ前の機種に機能的な大差はないからです。

私が愛用している象印の温度調整ができるＩＨ鍋は、もう最新の機種ではないため、ネットの割引価格で3万円弱から出ています。「巨大な蒸し器」として使っているシャープのオーブン、ヘルシオは、1段調理タイプの型落ち品なら3〜4万円で手に入ります。２段調理タイプでも、６万円くらいからあります。それを、最新式を買おうとすると10万円を超えてしまうため、みなちゅうちょするわけです。

ヘルシオが発売される以前、私は蒸し料理を温度計がついている専用の蒸し鍋でしていて、それが３０００〜４０００円でした。価格はヘルシオの10分の１ですが、毎回水を入れ、温度を手作業で調整し、使うたびに洗って収納する、しかも容量が小さいなど、手間は10倍かそれ以上でした。コンロを使うので、ほったらかしにもできません。そのうち、だんだんと使用頻度が減っていったことを覚えています。

安いものを買っても、使い勝手が悪いと結果こうなるのです。そしてお惣菜を買ったり、外食をしたり……。それならば、使い勝手のいい数万円のものを最初から買ったほうが、断然コスパがいいのです。

調理家電を購入する際は、ネットショップを利用することをおすすめします。量販店の店頭では、原則として最新式しか売っていないためです。

実店舗だと、店員さんは新しいものをすすめてくるものです。それに惑わされないためにも、ネット購入が賢明です。また、ネットであれば使い勝手等の口コミも細かくユーザーが記入してくれています。量販店の店員さんは残念ながら、その機種を実際に使っていることが大変少ないからです。

また、物事を選ぶときに一番大切なことは、選択肢の多さです。

実店舗だと、店頭にあるものの中から選ぶことしかできませんが、ネット購入なら選択肢を増やすことができます。

実店舗に狙っているものがあれば別ですが、そうでない場合、店頭にあるものの中から「ましなもの」を選ぶことになります。それはベストな買い物ではありません。

私は、調理家電はカカクコムで最安値だったお店や、多少の価格差であればアマゾンで購入しています。アマゾンは検索しやすく、品揃えもいいからです。

【調理家電デビューにおすすめ　温度調整ができるＩＨ鍋】

ほったらかし料理ができる調理家電を初めて買おうと思っている方には、温度調整ができるＩＨ鍋がおすすめです。私は象印の鍋を使っていますが、以前はパナソニックの鍋でした。パナソニックから象印に乗り換えたのは、象印の方が10度おきに温度設定を細かくできることと、パナソニックでは、容量が少し大きすぎたからです。そのかわり、パナソニックの鍋は今、私が経営しているゲームカフェで多人数用の鍋として大活躍しています。

スロークッカーも同じようなことができますが、スロークッカーの問題点は温度ではなく、火力を設定するということです。そのかわり、数千円と安い価格で買えます。また、「ヘルシオ ホットクック」など一部の電気鍋はアームがついていて、かき混ぜなども自動で行ってくれるものがあります。これもいくつか試したのですが、私には向きませんでした。なぜなら、今の人工知能の問題点は、温度のような物理的な動きをあまり伴わないものについては得意なのですが、かき混ぜのような動きに関しては、実はまだまだ人間の方が得意だからです。

時間と手間がかかる煮物や煮込み料理も、朝に具材を入れてセットしておくだけで、夜帰宅したときにはメイン料理ができあがっています。その感動は、温度調整ができるＩＨ鍋ならではです。

私が愛用している象印の鍋は、40℃からの低温調理ができる点も気に入っています。食材によっては、60℃などの低温で調理したいものがあるからです。

例えば、甘酒やしょうゆ麹などは60℃で作っています。低温調理は温度が低くなる分、時間はかかりますが私が何かするわけでもなく、ほったらかしにするだけです。

この鍋には圧力鍋の機能もついていますが、圧力鍋として使うことはほとんどありません。圧力鍋のメリットは、鍋の中の温度を１００℃よりも高くできて、調理時間が短縮できることですが、適切な温度で調理したものに比べると、どうしても味が落ちます。


ＩＨ鍋のメリットは、甘酒やあんこもボタン1つでできてしまうことです。これまで、自分で作れないと思っていたものが簡単にできるので、いい意味で料理に対する価値観が変わるでしょう。私は今では、この鍋で自家製みそも作っています。

あまりにも使用頻度が高いので、私はこの温度調整ができるＩＨ鍋を2台持っていて、汁物用と煮物・煮込み用に使い分けています。

この鍋には保温機能が無いのですが、70℃で13時間まで設定できるので、実質的にはそれを保温機能として活用して、いつでも温かい料理が家で食べられるようにしてあります。そうすると、出掛けにちょっと小腹がすいたとか、家に帰ってきたときにがっつりは食べたくないけれども、何か口にしたいという時にとても便利なのです。

すでにＩＨ鍋を持っている方で、２つめの調理家電の購入を考えるなら、グリルやオーブン機能、スチーム機能が充実したオーブンレンジを買うことをおすすめします。あるいは、リクックのような小型のトースターも兼ねたオーブンと、自宅のトースターを入れ替えてもとても便利です。

つまり、これまで鍋でやっていた料理はすべてＩＨ鍋におまかせ、フライパンでやっていた料理はすべてオーブンにおまかせ、と言うことになります。そうすればＩＨコンロやガスコンロは全く使わなくなるでしょう。私が今、唯一コンロを使っているのは、伝導熱だけで焼きたい料理、例えば、オムレツくらいです。

間違いなくおいしく仕上がる！勝間流ロジカル料理

【絶対おいしくなる料理の原則】

私がこれまでに読んだ料理本の数は、１００冊は超えています。ほとんどの著名な料理家の方の本は、もれなく1冊以上読んでいると思います。

ただ、今の私は料理本を見ながら料理をすることはありません。もちろん、私もみなさんと同じで、料理を習いたての頃は、とりあえず料理本やクックパッドを開いて、指示通りの料理をし、それを繰り返してレシピを覚える努力をしました。

でも、だんだんとレシピを覚えることに腹が立ってきたのです。

レシピは10個覚えたら、10個の料理しかできません。その料理を作るために材料をそろえないといけないことにも、ストレスを感じました。冷蔵庫の残りもので作りたいときは、残りものでできるレシピを新たに探さなければなりません。それを探すのもまた手間で、イライラしました。

いくらレシピを覚えてもレパートリーは増えず、同時にしばらく作らないと、レシピを忘れてしまいます。さらに言ってしまうと、レシピ通り作ったとしても、おいしくない料理もたくさんあるのです。大体、多くの料理レシピは

・塩少々
・弱火で加熱

など、曖昧な指示が多すぎます。それよりも、私に必要だったのはレシピの詳細ではなく、おいしい料理を作るための原理原則だったのです。つまり、料理のロジックです。

逆にロジックさえ知っていれば応用が利くので、レシピに載っている材料がうちになくても、家にあるもので代用することができます。そうして、レパートリーが増え

るのです。そうしていくうちに、今ではまったくレシピを見なくなりました。

さらに、外で食事をした時にも、その料理の作りかたは、見て食べればだいたいイメージできるようになりました。

料理を間違いなくおいしく、最速で作るために必要なのは、その時々で必要なレシピではなく、原理原則＝ロジックをまずは頭に入れることです。

では、その原則についてご説明しましょう。

原理原則① 加熱し過ぎない

料理の失敗の最大原因は、加熱のし過ぎにあります。熱を入れ過ぎて肉が固くなったり、焦げたり、野菜がシナシナになったりすると、料理はもう台無しです。

超ロジカル料理では「素材ごとに最適な温度で加熱する」ことが大原則です。

そのため、私は今では温度管理機能がない調理器具は使っていません。

ヘルシオの低温蒸機能で根菜類を蒸したり、ＩＨ鍋で時間と温度の設定をして煮物をしたり、オーブンで時間を設定してハンバーグを焼いたり、などです。つまり、調理のたびに曖昧な指示ではなく、何℃で何分ということを明確に計画するのです。

食材別加熱温度&時間の目安

キノコ類（シイタケ、シメジ、エノキなど）	60～70℃	10～15分
ホウレン草、小松菜など	60～70℃	10～15分
トマト	60～70℃	15～20分
タマネギ（スライス）	60～70℃	15～20分
ニンジン	70～80℃	10～15分
カボチャ	70～80℃	20～30分
鶏肉	70～80℃	15～20分
豚肉	70～80℃	20～30分

平山一政さん「50℃洗いと低温スチーミング」（http://www.steaming-cook.com）より抜粋

何℃で何分と設定できる調理家電だけで料理をするようになると、ほったらかしでいいからびっくりするほどラクになるうえ、すごくおいしく仕上がるようになりました。また、たとえそれが失敗したとしても、その次からは温度や分数を調節することで、同じ失敗を繰り返さないことになります。あるいはうまくいったときは、そのやり方で再現性高く、同じものを作ることができます。

なかでも、まだ未経験でしたらぜひ試していただきたいのが「低温調理」です。低温調理の第一人者である平山一政さんの本やサイトでは、具材はすべて個別に温度設定をして加熱し、それらを合わせてから調味しています。

なぜ低温なのかというと、野菜も肉も70～90℃ぐらいの低温で蒸す、もしくは50℃くらいのお湯で「洗う」ことで、旨味と栄養が増し、食感も劇的によくなるからです。肉は柔らかく、ちょっと鮮度が落ちた野菜でもシャキシャキになります。

初めて平山さんのサイトを見たとき、加熱温度と時間のロジックを考えたら「確かに『低温調理』あるいは『適温調理』にすべきだ！」と目からウロコが落ちる思いがしました。
「ロジカルクッキング」という言葉の生みの親である水島弘史シェフも、同じことを言っていて、2人が言っているのなら、間違いないと確信しました。

それからは、下処理は具材別に行っています。食材ごとに、最適な加熱温度が異なるからです。

我が家に〝巨大な蒸し器〟であるヘルシオが2台ある理由はここにあります。肉や野菜を別々の温度で蒸しているからなのですね。

ただ、豚肉や鶏肉は70℃、根菜類は90℃など、加熱温度と時間が近いもの同士なら、最初から一緒に下処理しています。

これをイチから鍋にお湯を沸かして、一つひとつ茹でて……。となると、気が遠くなります。ヘルシオがなくても、今のオーブンレンジには蒸し機能のついているものが多いですが、100℃固定が多く、低温の温度設定をできるものが少ないのが難点です。

「蒸して合わせる」で絶対おいしくなる
実働5分！ 超簡単カレーライスのつくりかた

① ヘルシオの「おまかせ蒸し」で
好みの肉・カットしたじゃが芋・玉ねぎ・にんじんをならべて一気に蒸す

② その間にIH圧力鍋で煮干しを水だししした出汁を温める

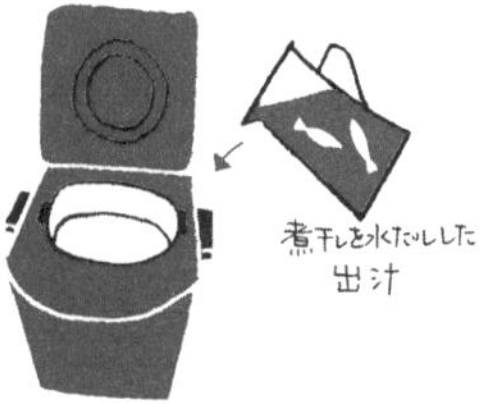

③ ①と②を合わせて好みの量のカレー粉と塩を加えて
混ぜ合わせる

自分でやるのは材料を切る5分だけ！
野菜は甘〜くなって煮崩れなし。
肉もフワフワの仕上り。

低温調理用の蒸し器も売っていますが、やはりお湯を沸かす手間がかかるので、忙しい人にはハードルが高くなるでしょう。95ページを参考に、レンジの買い替え時には温度設定ができる蒸し機能にも注目することをおすすめします。

自宅の食事を格段においしくするための投資と考えてください。

原理原則② 分量に対して決まったパーセンテージの塩分を加える

料理の味付けには、おいしくなる原則があります。

材料の「分量」に対して、決まった割合の「塩分」を加えることです。具体的に言うと、材料の重さに対して0・6〜0・7％量の塩分が、「いい塩梅」になります。

そして、おいしい料理のフレーム＝枠は、具材の分量です。そこから塩分量を割り出せば、味がブレることはありません。

3つ星レストランの熟達したシェフでさえも、味を均一化するために計量を怠らないといいます。

我が家では、計量時に使う鍋やボールに、容器の重さ（グラム数）をあらかじめ測り、テプラでシールにして貼っています。計量するときは、容器に具材を入れてからするので、容器分をパッと引き算できるようにしているわけです。

たとえば、具材を入れたボールの重さが766gだとします。我が家のボールには、テプラで「366g」とあるので、具材の重さは400g。加えるのは0・7%の塩分ですから、塩なら2・8g——小さじ2分の1ぐらいで良さそうだな、とすぐ割り出せます。

分量にあった的確な塩分を加えれば、味見をしなくても味が決まり、失敗しません。

私が使っているテプラは、本体が4000円ぐらいで購入したものです。シールは意外と耐水性や耐熱性に優れていて、何度洗ってもはがれることがありません。

テプラは何かと便利で、普段使っているイヤモニ（ヘッドフォン）にも、小さく「左上」「右上」と貼っているほか、電灯スイッチや学習リモコンにも貼っています。自分の記憶容量には限界があるので、物理的な記憶はテプラに頼ることにしています。

お子さんがいる家庭では、名前シールにうってつけなので、一台あってもいいのかもしれません。

テプラで貼ったのは、ボールのグラム数。中に材料を入れたとき、ボールの重さを引いて材料の総量を割り出す。そこに、最適な塩分量を加えると、味に間違いがでない。

私が味付けに使う塩分は、主に、塩、しょうゆ、みそ、それから自家製の塩麹としょうゆ麹の5つです。

調味料ごとに風味は異なりますが、味の決め手になるのはすべて塩分です。

塩の食塩相当量は、言うまでもなく塩1gにつき1gで、1：1の割合です。

しょうゆの食塩相当量は、塩の6分の1で10：6、みそは8分の1で10：8、塩麹としょうゆ麹は10分の1程度で、10：1です。

こう言われてもピンとこないと思

いますが、簡単に言うと、しょうゆ大さじ1杯＝18gには塩分が3g、みそ大さじ1杯＝18gには塩分が2g弱といったところです（左ページの表参照）。

しょうゆやみその商品パッケージには、たいてい「15㎖（大さじ1杯）当たりの食塩相当量」が表示されています。私が愛用しているしょうゆにも「大さじ1杯あたり2・4g」とあります。

みなさんもお手持ちのしょうゆやみそのパッケージを確認してみてください。

この食塩相当量を基準にして味付けすれば、メニューによって使う調味料が異なっても、味を均一に保てます。具材の分量に合わせて、調味料を割り出すのです。

私の場合、おかずの塩分量は全体量に対して0・7％を基準にしています。

汁物やスープは直接飲むので、少し薄味の0・6％。逆に、きんぴらごぼうなどのおかずは濃い目がいいので0・8％。その中間の煮物は0・7％。

たとえば、具材と水分を合わせて1000gのスープを作るとします。

あら塩、しょうゆ、みその塩分量早見表

	小さじ1杯（5mℓ）	大さじ1杯（15mℓ）
あら塩（並塩）	5g ＝ 塩分5g	15g ＝ 塩分15g
しょうゆ	6g ＝ 塩分1g	18g ＝ 3g
みそ	6g ＝ 塩分0.7g	18g ＝ 2.2g

「七訂食品成分表」を参考に作成

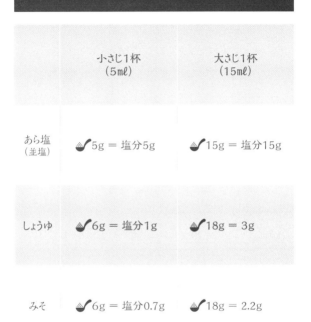

汁物とスープの塩分0・6％の法則にあわせると、塩分は6g必要になります。塩のみで味付けする場合は、そのもの6gで、小さじ1（5g）と少々になります。必ず6gになるように、クッキングスケールか1gさじで計りましょう。しょうゆだけで味付けする場合は、6倍して36gです。しょうゆは大さじ1杯18gですから、2杯と少々になるわけです。

調味料を複数使う場合は、塩分6gの範囲内で調整するだけです。みそを32g（塩分4g分）＋しょうゆ12g（塩分2g分）といった塩梅です。そうすれば、今日の汁物は濃い、薄いといった失敗がありません。

計算が苦手という人も、料理は毎日のことで、使う鍋が決まっている以上、作る量も決まってくるので、すぐに覚えられます。

分量に対するおいしい塩分量の例
（1リットルのスープの場合）

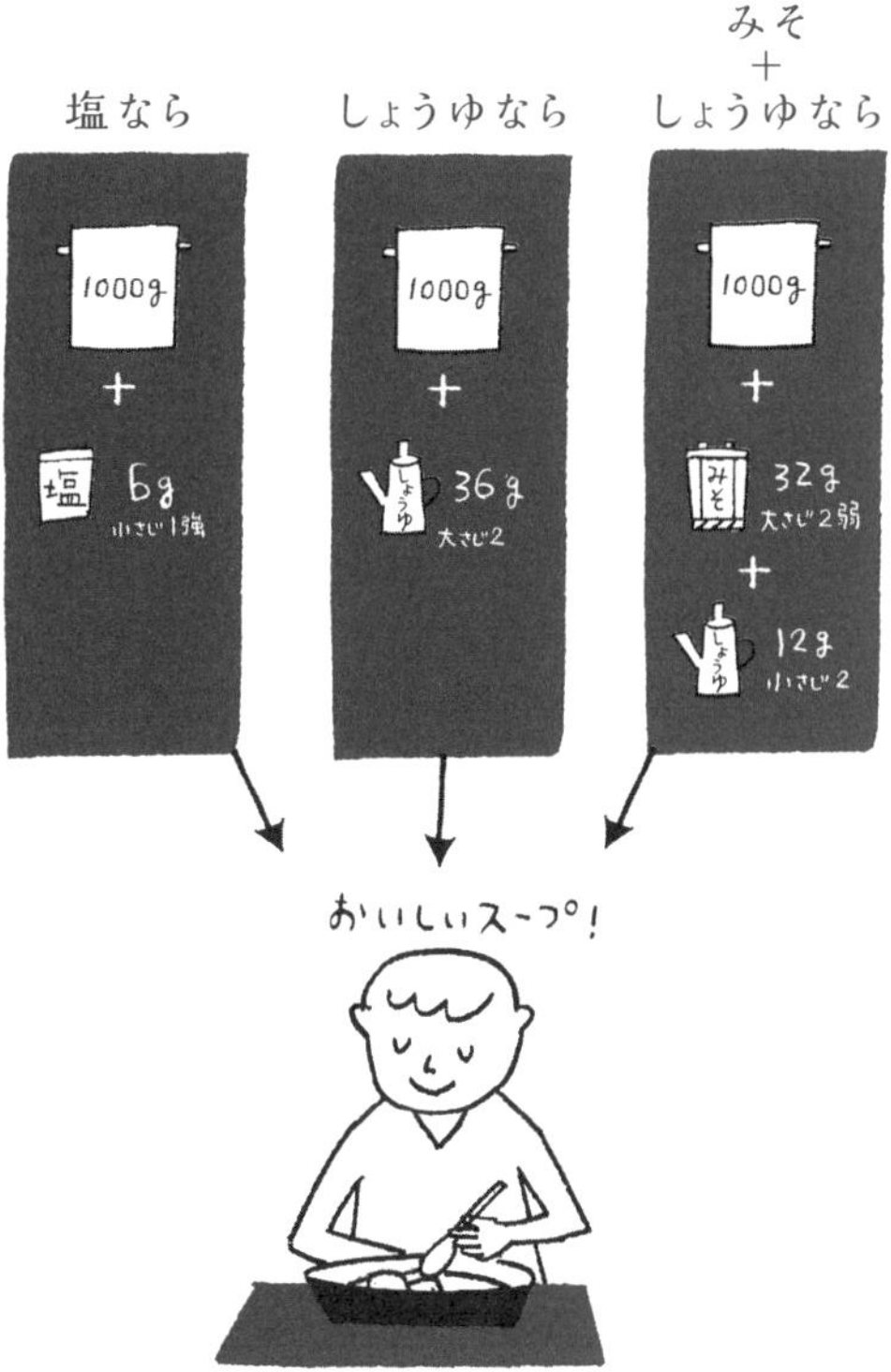

1リットル分（1000g）のスープは
0.6％の塩分がおいしい塩梅

世界一コスパのいい食材の買い方

【買い物で時間と労力を消費しない】

超ロジカル家事を図る上では、断然、ネットスーパーがおすすめです。

そもそも、働いてるお母さんが仕事帰りにスーパーに寄るのは、時間的にも労力的にも負担が大きいと思います。

私もネットスーパーを利用するより以前は、毎日スーパーに行っていました。しかし、家が都心に近いため、一番近くにあるスーパーが高級スーパーでとにかく何もかもが高い！　ホウレン草が200円、豚こま100g200円とかします。トマトだって1個180円くらいです。

当然、値段を気にしてケチケチ買うようになり、よく食材不足に陥っていました。

それがストレスだったというのも、実店舗での買い物をやめた原因の1つです。

今では、食材は西友かイトーヨーカドーのネットスーパーで買うようになりました。ペースはだいたい3日に一度。配達料は6000円以上は無料で、価格は店頭価格と変わりません。

以前は生協を利用していて、週に一度配達してもらっていました。しかし、生協の配達ペースは週1が基本なので、肉や魚の生鮮品が冷凍品になってしまいます。解凍した肉や魚は、どうしても味が落ちてしまうのが難点です。

その点、ネットスーパーは自分で配達ペースを選べ、また、冷蔵の生鮮品を購入することができるなどなにかと都合がいいので、生協から切り替えました。

【カード決済▼履歴がそのまま家計簿に】

ネットスーパーでカード決済にすると、購入品目も金額も記録できるうえ、その履歴が家計簿代わりになります。

さらに、新たに買い物をするときは履歴を見れば、日常的に必要なものが一目瞭然なので、時短になり、余計なものも買わずに済みます。

実店舗派の人でも、試しに一度、ネットスーパーを利用してみてください。通勤電車内など、空き時間にスマホでスーパーの買い物をすませることができます。レジに並ばない、袋につめない、行き帰りの時間がないと、快適すぎます。これだけで1日のうちで一番忙しい夕方から夜にかけての家事時間が15分から30分は短縮できます。

最近気づいたネットショップのもう1つの利点が、不良品の返品がスムーズであることです。

あるとき、ネットスーパーでサツマイモの鳴門金時（2本入り、321円）を買い、まとめて蒸したら、1本の中身がかなり虫にやられていていました。色も味もおかしく、食べられない状態でした。今後、こういうことがないようにという思いで店のネット担当窓口に電話をしたら、謝罪とともに名前と購入した日時を聞かれて、すぐに返金手続きをしてくれたのです。

ネットスーパー側は顧客の注文履歴や決済履歴をデータとして管理しているので、レシートを見せなくても話がすむわけです。数分後にはさくっと、値引きした決済メールが届きました。

買い物の仕方もこうしてどんどん進化していくのだなぁと、感心した出来事でした。

ネットショップの難点を挙げるとすれば、送料無料にするなら6000円以上など、購入金額の設定があることでしょうか。しかし、送料無料の条件額が高い場合は、利用ペースの間隔をあければすむ話です。不必要なものを無理に買うことはありません。また、送料がかかってしまったとしても300円くらいですから、手間ひまとのバランスを考えれば、支払いに値します。

【時間指定を確実にする前日注文】

ネットスーパーの配達予約数には限りがあるため、希望する時間帯が埋まってしまうこともよくあります。あるいは、そうでなくても受付の締切時間があります。そのため、注文日から半日～1日ぐらいの配達を目安にして、冷蔵庫の中身と相談する計画性が欠かせません。注文から配達の間をそれくらいあければ、混雑する夜便も含め、ほぼ希望どおりの配達時間を選べます。この配達の事情も踏まえて、我が家は3日に1回の頻度で注文、配達してもらっています。

私は現在、午前中は自宅で仕事をしていることが多いので、もっぱら午前の配達があるイトーヨーカドーを利用するようになりました。ちなみに西友は、私の地域では午前中（10～12時）の配達がありません（２０１７年3月現在）。イトーヨーカドーは西友よりも1割ほど食材が全体的に高くなりますが、午前配達があるという配達の利便性で使用頻度が上がりました。

【購入履歴を定番買い物リストにするとさらにスピードアップ】

ネットスーパーを使いこなすコツは、購入履歴にあります。

ムダなく食材を使い切れたときの購入履歴のパターンをならい、できるだけそれを一定に保つことです。一定にしたほうが買い物の量を適量化しやすく、結果、ムダ遣いも減ります。

これがルーティンになると、いつも決まった食材が冷蔵庫にスタンバイしているので、先に使うべき食材の順番も明確になり、毎日の献立に迷わなくなります。

「このサケは3日前に買ったから今日焼かないと」「このパプリカもそろそろくたび

れるころだから、「ベビーリーフと一緒にサラダにしよう」など、予測が付きやすくなります。冷蔵庫を開けば、献立がすぐ決まるのです。

【買い物一回分がタダになる専用カードは必携】


ネットスーパーのもう1つの賢い使いこなしのコツは、専用カードを作ることです。

西友は、ウォルマートカード利用で3％引き。

イトーヨーカドーはセブンカード使用で1・5％引きです（2017年3月現在）。

割引率はごくわずかですが、たとえ割引率が0・5％だとしても、頻繁に利用する以上、作らない手はありません。

例えば、1回5千円の注文を週2回した場合、月に8回＝4万円の買い物をする計算になります。1・5％引きだと月に600円、年間で7200円の割引になります。つまり、買い物一回分以上がタダになる計算です。

実店舗でも、カードを利用したほうが同じ割引率で買えるので、作ったほうがお得です。

これらの専用カードは、クレジット機能がついていることを嫌がる人もいますが、ネットスーパー利用の場合、持ち歩かなければいいだけです。私も、専用カードは家に置きっぱなしにしています。

日用品を買うのによく利用するアマゾンは、アマゾンゴールドカード利用で年2・5％引きになることに最近気が付き、すぐに作りました（笑）。

【食材は100gあたりの適正金額を頭に入れる】

日常的に使う食材は1パック、もしくは1袋の値段ではなく、100gあたりいくらになるかということを考えて買うようにしています。

米は1kg250円が相場なので、100g25円。

野菜は100gあたり60～100円台で収まるといいと思っています。例えばシメジは100g100円ぐらいで、かぼちゃや大根は60～70円でしょう。

肉は100g100～160円で収めるのが理想。200円は超えたくありません。この枠内で買えるのは豚肉と鶏肉で、牛肉はなかなか買えません。しかし栄養面を考えると、牛肉でなければとれないというものはないので特に不都合は感じません。

魚は100g200～250円。可食部が多いサケをはじめ、サバやアジもよく食べます。1食あたりの材料費は350円ぐらいに抑えたいと思っているので、魚料理を増やすと、予算オーバーになってしまいます。とはいえ量を減らすとタンパク質不足になるので、うちでは予算内に収まって、かつ栄養バランスもとりやすい肉料理が必然的に多くなります。

高価なエビやタコ、貝類は、休日のときなど「今晩は材料費に1食500円ぐらいかけてもいいかな」という特別なときだけ使うようにしています。

肉と魚を食べる主目的は、タンパク質の摂取。購入基準は、コスパです。上限は200円に設定しています。よほどのことがない限り、この予算を超えることはありません。

タンパク質については、体重の1000分の1くらいを取ることが推奨されています。女性ですと50g前後です。50gのタンパク質を取るためには、肉や魚を3食合わせてその5倍の250gは取る必要がありますから、1食あたり100g前後は、肉や魚を食べる必要があるのです。

調味料はいいものを5つだけ

【調味料も断捨離】

味付けに使う塩、しょうゆ、みそのほか、うちにある調味料やスパイスはコショウ、バルサミコ酢、カレー粉ぐらいです。

カレーのルーやだしの素、コンソメなどの中間加工品は、断捨離後は一切使わなくなりました。砂糖もみりんも使っていません。じっくりと低温調理をすれば、野菜や肉の旨味が出るので、さとうやみりんが必要無いからです。

調理油は、オリーブオイルのみです。

『エキストラバージンの嘘と真実 スキャンダルにまみれたオリーブオイルの世界』（日経BP社、2012年）を読んで、オリーブオイルについて研究してから、安全なおすすめ商品として紹介されていた「エグレヒオ（ＥＧＲＥＧＩＯ）」を愛用しています。

１本５００㎖で２５００円しますが、月に１～２本しか使わないので、ここにはお金をかけています。4本以上頼むと送料無料なので、まとめて買っています。

塩にもこだわっていて、医師の白澤卓司さん推薦の「わじまの海塩」を愛用しています。１kgで２０００円ぐらいしますが、塩はほかの調味料に比べて食塩相当量が高いので、相当高いものを買ってもコスパは優秀です。

左が「わじまの海塩」、右がオリーブオイルのエグレヒオ。どちらもネットで定期的に取り寄せている。

塩は１日に使ってもせいぜい10ｇほど。その計算で１００日持ちます。

何よりも、この塩とオリーブオイルがあれば、たいていのものはおいしく調理できます。サラダにかけるドレッシングにもなります。

しょうゆは、真空パック入りのキッコーマンのしぼりたて生しょうゆを愛用しています。高価なものより、酸化しないので味が落ちません。1パック、200円台で、どこでも売っています。

【塩だけ、しょうゆだけのおいしさ】

私は特段の理由がない限り、調味料は塩のみ、またはしょうゆのみで調理するようにしています。

きっかけは、以前読んだ料理家の浜内千波さんの『らくしておいしい塩味レシピ』（文化出版局2009年）を思い出したことです。

もともと、味付けはシンプルにしていますが、砂糖やみりんを使わない分、ついついコショウやバルサミコ酢などを加えたくなるときがあり……。それで勇気を持って、まずは「塩だけ」にしてみたのです。

まずは、定番のサラダ。トマト、キュウリ、リンゴ、アボカドを切ってボウルに入れたら、0・7％相当の塩とほんの少しのオリーブオイルだけを加えます。

それだけで、いつものスーパーのトマトとキュウリがびっくりするほどおいしく、リンゴの甘みも増しました。いろいろ加えると、素材の味を殺すことに気づきました。

カボチャの煮物も、味付けは塩だけです。温度調整ができるＩＨ鍋に、煮汁を温めて、ヘルシオで蒸したカボチャを加え、煮汁とカボチャの総量の０・６％の塩を加えれば、ホクホクのおいしい煮物のできあがりです。０・６％で作ると、煮汁もそのまま飲めます。

大根とモツの煮物も温度調整ができるＩＨ鍋に、ヘルシオで下処理した大根、モツ（処理済みのものを購入）、出汁、しょうゆを入れ、70℃で一晩。低温調理だと具材がぶつかり合わないので、大根の面取りは不要。煮汁は一切濁らず、雑味のないすっきりとした味に仕上がります

普通のスーパーの食材でも、的確な調理法で素材の味を最大限に出せれば、いろんな調味料を加えなくても十分おいしくいただけるのです。そのかわり、使う調味料はよいものを使います。

料理イベントで子どもが完食

【みんながきれいに食べてくれるように】

かつて、家政婦さんが作ってくれたご飯を残していた三女も、私が作る超ロジカル料理は全部食べてくれます。

独立した長女と次女も、たまにうちに来て食事をすると、おいしい、おいしいといって食べてくれます。

たまに、「お母さんの昔の下手な料理が懐かしい」と、からかわれることも。昔は味のばらつきがあって、焦がすこともしょっちゅうだったので、返す言葉がありません。

今は、失敗がまったくないので、娘たちいわく「ちゃんとしすぎていて、つまらないぐらい」と言われます（笑）。

小さい子たちにも、超ロジカル料理は人気です。

私がプロデュースしているボードゲームカフェ「ウィンウィン」（東京・五反田）では、子どもが参加できるイベントも開催していて、そこで超ロジカル料理で作ったメニューを出すと、子どもたちが喜んで食べてくれます。

例えば、炊き込みご飯、みそ汁、カボチャの煮物など。

ごく一般的なメニューでシンプルなものばかりですが、予備分として取り分けておいたタッパーもすぐ空になるほど人気です。

食べ始めは、隣にいるお母さんが「うちの子は食が細いので」といっていたのに、黙々と食べておかわりをする、なんていうことも珍しくありません。

誰に出しても大好評のノンシュガーのスイートポテト。材料はサツマイモとバターだけ。スーパーで買った格安のさつまいもが、低温蒸しで驚くほど甘くなる。

スイートポテトも大好評でした。

使った材料は、サツマイモとバターのみ。サツマイモは調理家電の低温調理モードで蒸すと、最大限に甘さが引き出されるので、砂糖を加える必要がありません。

水分も飛びにくいので、牛乳で伸ばす必要もありません。さらに、バターは加塩タイプを使うと、塩味も加わって、味の奥行きが生まれます。

作り方は、蒸したサツマイモを潰してバターを加えて混ぜ、アイスディッパーですくってトレイに乗せます。それをグリルで10分ほど焼けば、完成。ほどよく焦げ目がついて、見た目の良さも上がります。

第2章

超ロジカル掃除&洗濯編

家がキレイ＝自己肯定感が高まる！

【住まいの整理が心の整理に】

私が汚部屋脱出後にとにかく痛いほど感じたのは、目の前に不要なものがないと、気持ちはこんなに落ち着くものなのか、ということでした。

裏を返せば、それまでいかに無意識のストレスを溜めていたかということです。

実は私たちは、頭の多くのスペースを、目には見えているけれども意識的には考えていないことで使っているそうです。だから、目の前に、ごしゃごしゃしたことがたくさんあると、頭もそこに奪われているわけです。

当時、コーヒーを頻繁に飲んでいたのですが、そのストレスをカフェインでごまかしたかったからかもしれません。
今は、ハーブティーのほうがおいしく感じられます。

自分の部屋が散らかっているのは、自己管理ができていない結果です。散らかった部屋で、自己管理能力のなさを常に目の当たりにし続ければ、イライラして当然。心も乱れます。

つまり、自分の余裕の無さをビジュアルで見せられ続けていたわけです。

逆もまた然りで、部屋が整っているとイライラが収まって心が整い、掃除をちゃんとできている自分が信じられる＝自信がつき、自己肯定感が高まるのです。

おかげさまで、断捨離後は家に帰ってくるのが毎日楽しみになりました。

断捨離から2年たち、みなさんきっとまたものが増える、散らかるといったリバウンドを起こすだろうと心配していました。しかし、実際には、訪れた人が「ホテルみたい！」と驚くほどのきれいな状態をキープしています。

【断捨離前】

断捨離前の自宅のひとコマ。2年前まで、いたるところがこの状態。ルンバも走らせることができず、動きづらく、ものが見つからない家で、家事効率は最悪の状態だった。

先日も、読売新聞社に連載するペットとの交遊録の写真を自宅まで撮りに来ていただいたのですが、カメラマンの方が

「撮影スタジオみたいですね」

とおっしゃってくださいました。

今となってはそういう状態が当たり前になってしまったので、そのコメントはかえって新鮮でした。

きれいな状態を無理なく続けるためには、仕組みが必要です。

ここでは、私がリバウンド防止のために構築した、仕組みについて紹介しましょう。

【断捨離後】

ものを8割捨てた断捨離後の現在のリビング（上）と仕事場（下）。何がどこにあるのか即わかり、すべてが自分の管理下におけるすがすがしさ。

家を散らかさないカギは自宅滞在時間

【平日は3時間、週末は丸一日家にいる日を1日つくる】

家にいる時間が短いと、忙しさゆえに散らかっている状態から目を逸らしやすくなります。現実の否認ですね。

つまり、家を散らかさないコツは、あまり家を空けないことです。家にいる時間が短くなるほど、家は散らかります。最低でも週に1日は、丸一日家にいるようにすると家の中が整うようになります。「今日はずっと家にいる」と決めると、時間に追われる感覚がなくなり、心に余裕が生まれます。その余裕が「ちょっと要らないものを整理して、ゴミに出そうかな」「洋服や、台所用品を整理するか」と、いつもは気になりながらも後回しにしていたことをやる気にさせるのです。

断捨離前の私は、夜も外食をすることが多く、家にあまりいませんでした。外食するから帰宅が遅かったのではなく、散らかった家にいたくなかったから、外食の回数が増えたのかもしれません。その時間とお金のムダ遣いを考えると、ゾッとします。

現在、私は1週間のうちの1日は、丸一日家にいるようにしています。働いているお母さんの場合、同じだと思いますが、週末の両日とも外出しっぱなしになると、家が悲惨なことになります。週末に丸一日いるのが難しかったら、その分、翌週の平日に、できるだけ家にいる時間が長くなるように調整するといいと思います。

また、普段の平日は、起きて家にいる時間を3時間は確保するようにしています。朝、出勤前の1時間と、夜、就寝前の2時間で合計3時間。この3時間があれば自炊もできるし、洗濯物もたまらず、部屋は現状維持できて、汚くもきれいにもなりません。

つまり、3時間は私の中で、家をきれいに保つための損益分岐点です。3時間以上いられると、家がきれいになってきます。

お子さんが小さかったり、家族が多い場合は3時間では足りないでしょう。散らかす人が多い分、家にいる時間は増やす必要があります。

〝マイナスにする人〟の対処法

【無理強いは不毛】

どこの家庭においても、お母さん＝片づける人、お母さん以外の家族＝散らかす人、という図式が成り立ちやすいと思います。

最近は家事をやる男性も増えてはいますが、どうしても家事をする当事者は妻で、夫は補助者という関係性なのは否めません。育児や家事をやりながらも「手伝っている」という感覚で、当事者意識がない男性が少なくありません。

それが〝共同経営者〟のように変わるといいのですが、無理強いしても変えることは至難の業でしょう。

男性に多いテストステロンのような男性ホルモンは、競争に勝つことをはじめ、社会に出て活躍することや、目立つことに喜びを感じるホルモンです。家をきれいにすると気分がいい、といった価値観がなく、散らかった部屋をどんなにきれいに片づけても、あまり喜びを感じません。

いっぽう、女性に多いエストロゲンのような女性ホルモンは、後者に喜びを見いだします。たとえ男勝りな女性で家事経験がない人でも、やり始めると楽しく、達成感を感じるようになる人が多いものです。対して男性の場合、家事に楽しさを感じられるのはごくわずか。いつまで経っても、仕方なくやる人がほとんどでしょう。

料理が趣味という男性もいますが、彼らが作るのは日常的な家庭料理ではなく、マニアックな料理を得意とする人が多いように思います。冷蔵庫の残り物で、ムダなく献立を考えることに喜びを感じる男性は、少数派です。

しかも料理好きといっても、片づけはしない人が多く、料理後のシンクは洗い物の山。コンロのまわりは油でギトギトのまま……というケースがよくみられます。

それでも男性にやってもらいたかったら、片づけは自分がすると諦めて、お願いするしかありません。片づけまでやってもらうように〝教育〟するのは、至難の業。かなりの時間と根気を要します。

私ならその時間はムダなので、新しい調理家電を買って、ほったらかし料理のレパートリーを増やします（笑）。掃除を手伝ってくれない場合も、掃除家電を買い足すでしょう。そのほうがお互いにストレスなく、家庭の雰囲気も断然いいからです。


【せめて〝負債〟にならないように仕向ける】


男性には最低限、子どもと同じレベルのことはしてもらうように、お願いしておくといいかもしれません。例えば「脱いだ服は洗濯カゴに入れておいてね」「使った食器は水で軽くゆすいで浸けておいて。食洗器に入れられる状態にしてね」「お風呂から出るときは、せめて排水口に引っかかった自分の髪は捨ててくれる？」などなど。

要するに、家事のマイナス＝負債をつくらないようにしてもらうわけです。

負債にさえならなければ、余計なストレスはかかりません。

たまに、洗濯機を回してくれる、すなわち、プラスに転じることがあったらラッキー、という程度に思っていたほうが、精神衛生上いいわけです。

ただ、私が主宰する勝間塾には、調理家電を買ってから夫が料理を手伝ってくれるようになった、というケースをよく聞きます。

リクックなどのオーブン調理器なら、魚の切り身をトレイに乗せて「魚を焼く」と書かれたスイッチを押すだけで済みます。

火加減を調整する必要も、途中で裏返す必要もないので、家事経験ゼロの男性でもできます。失敗する余地がありません。

その失敗の余地がないこと＝成功体験だけを積み重ねられることが、調理家電だと男性が料理を手伝ってくれる理由かもしれません。

余談ですが、私が大阪に出張に行った時に、勝間塾の大阪のメンバーの方とロジカルクッキング教室を開きました。その時に塩分量を計算してもらって、男性の会員の方に塩加減をしてもらったところ、なんとその方が「野菜の片隅に、計算された塩分量を盛り塩にした」というのが伝説になっています。

つまり「塩をパラパラとふる」ということも知らなかったのです。

ただ、そういう方でも、さまざまな家事の成功体験が積み重なれば、喜んで手伝ってくれるようになるでしょう。

毎日の掃除をAI化！指1本で終わる

【ルンバとブラーバも2、3日に1回以上使う】

前述のとおり、毎日の掃除はお掃除ロボットに任せています。

もう6年以上愛用しているのが、アイロボット社のルンバです。AI付きの掃除機で、ロボット掃除機の売上シェアもトップ。お持ちの方も多いでしょう。

床拭きロボットの、ブラーバも愛用しています。ブラーバは簡単にいうと、雑巾がけをしてくれるルンバです。ブラーバが走った後の床は、吹きあげられたさっぱりした気持ち良い状態になるので、床が汚れやすい洗面所や台所の掃除に欠かせません。

ルンバとブラーバは、毎日どちらか1台を稼働させています。間隔が空いても、2、3日に1回は走らせるようにしています。

ルンバもブラーバも、大きいゴミを取るのは苦手ですが、細かいホコリや髪の毛を取るのは得意だからです。こまめに使うことで、その実力を発揮してくれます。

ルンバはリビングや廊下など、稼働範囲が広いので、就寝中や留守中にスイッチを入れることも多いです。そして、朝や帰宅後にどこかで充電切れを起こして止まったルンバを回収すれば、お掃除完了です。

人工知能つき掃除機のルンバ。６年前のシリーズをブラシとダストボックスを付け替えてカスタマイズ。音が静かになってゴミもよくとれるように。

うちでは充電ステーション（ホームベース）を使わずに、直接ＡＣプラグを差して充電しています。充電ステーションだと何かしらの理由で接続部分がズレて、充電ができないこともよくあるからです。

あるいは、ルンバは自動で充電ステーションに帰る機能があるのですが、たまに掃除がすべて終わっていないのに、サボって帰ってしまうことがあるからです（笑）。

ブラーバは、洗面所や台所を使用した後に

1ルンバと同じ、アイロボット社製の床拭きロボットのブラーバ。から拭き、水拭き両方できる。ルンバの後にブラーバを走らせると、床がさっぱりして気持ちいい。2ブラーバには付属のクロスがついているが、洗うのがめんどうなので「クイックルワイパー」を装着。使い捨てにできるのでラク！

よく使います。ブラーバはルンバと違って、コードにひっかかりにくく、水拭きもできるので頼もしい限りです。ルンバの場合は、掃除をする前にあらかじめコード類を片づけておかないと、巻き込んでしまって、そこで止まってしまいます。

ブラーバには専用のクロスがありますが、これを洗って使い回すのはなかなかめんどうくさいので、私はフローリングモップ用の使い捨てシートを使っています（いわゆる、クイックルワイパー用）。いちいち洗って、絞って、という手間がなくなるのでおすすめです。ドライとウェットの両方使えます。

【1万円の掃除機より5万円のお掃除ロボが〝安い〟】

ほかの家電と同様に、ルンバもブラーバも型落ちで十分です。それでも、ルンバは4～6万円、ブラーバは3～5万円前後かかると思うので高額投資に違いありません。

だからといって、1、2万円の掃除機を買って、週に1回しか使わなかったらどうでしょう。しかも自分の手で、おっくうに思いながら動かさなければならず……。

仮に5万円のルンバを買ったとして、1年間毎日1回、スイッチを入れたとしたら、1回の掃除コストは130円です。最新機種のバッテリーの寿命は6年間ですから、日々動かしたら、1日あたり約23円ということです。バッテリーも、純正品は1万円前後で交換が可能です。割り切って互換品を使えば、その半額以下になります。

それなら毎日、指1本でスイッチを押すだけですむお掃除ロボットのほうが、コスパは断然いいのです。たまに使う1万円より、毎日使う5万円を選ぶほうが、コスパ的に間違いありません。

ゴミはバッチ処理より逐次処理

【ゴミは「出たら捨てる」が正解】

かつての私は、掃除も洗濯もちょこちょこと逐次的に処理するよりも、まとめてやるバッチ処理のほうが効率的だと思って、ためて処理していました。

その結果が汚部屋なので、考え方が間違っていました。

掃除も洗濯もこまめにするから、1回ずつの処理が簡単にすむわけです。ゴミ捨てにしても、何日も袋にためずに、処理するからラクにすむのです。大量のゴミをまとめて、それをゴミ捨て場まで運んで……となると、とたんに重労働になります。

特にカンやビンなどの分別ゴミは、ある一定の量になるまでためがちですが、私はカンやビンが出たらその都度、マンションのゴミ捨て場までもっていくようにしています。

なぜならまとめて捨てようとすると、ペットボトルやビン、カンなどを何日も台所に置かなくてはいけません。それが目に入るたび、ストレスに感じるからです。

台所に置いておくことで足にひっかけたりすれば、さらにストレス度がアップします。分別ゴミもなるべくこまめに、できれば出るごとに自分の家のゴミ箱に捨てるかのように、マンションのゴミ捨て場へもっていってしまいます。

これは段ボールも生ゴミも同じで、我が家では原則
「その日に出たゴミは、その日中にマンションのゴミ収集場所にもっていく」
ということしています。私はこれからも、引っ越しをする時には必ず「24時間、ゴミが出せるところがあるか」と言うのを必要条件にしたいと思います。

以前、一軒家を借りていたとき、ゴミの処理が本当につらかったからです。

段ボールなど、うっかり資源ゴミの日に出し忘れてしまうと、その後1週間とか2週間とか家の中に存在し続けるわけです。

それが今では、当日に確実に家からなくなるわけですから、随分と気がラクになりました。もちろんこれも、そういった設備がある家と、ない家があるのはわかっています。

ですので、可能な限り「そういうことができる家をあらかじめ探す」と言うことです。

【「とりあえず取っておく」癖をなくす】

たまにお菓子を作るときなど、棚や引き出しの奥から専用の道具を取り出しながら、これ、なんの道具だっけ？　という予想外の不用品と出くわすことがあります。たいていは「これは便利！」「使える！」と思って買ったキッチンツールで、使ってみたら、思いのほか便利ではなかったものです。

最後に使ったのを思い出せないトングやザル、ポットなどもよく出くわします。

それらを見なかったことにして、さらに見えない奥へと押し込みがちですが――こうした道具は場所がかさ張ることもあり、積もり積もってスペースを占有します。

使っていないものは、処分の対象にします。

「とりあえず取っておく」という考え方を捨てるのが賢明です。

【道具類は2カ月以上使わないものは捨てる】

「とりあえず取っておく」というのは、思考の放棄、判断の先送りです。ものと向き合って「これは必要かどうか」と考えるのがめんどうだから、「とりあえず」という形でごまかしているに過ぎません。

私は掃除や調理の道具類は、2カ月以上使っていなかったら捨てる、という基準を設けて、判断の先送りを防止しています。この基準に照らしあわせれば、必要か不必要か、考える労力を使わずに済みます。

特にキッチン下の収納や食器棚には、長年使われないまましまい込まれたままのものがかなり潜んでいます。それらに疑いの眼差しを向けて、一度チェックすることをおすすめします。

先日は、長年当たり前のようにあったしょうゆ皿を処分しました。よく考えたら、小鉢で代用できることに気づいたからです。

道具は1つの使い道しかないと思い込みがちですが、よくよく考えるとほかのもので代用できたり、意外な使い道を発見したりすることも多々あります。

何かがほしいと思った時には、手持ちのもので代用できないかをまずは考えると、ものが増えにくくなります。

逆に、おろし金のように、滅多に使わないけれど代用が効かないものもあります。1、2カ月に1回ぐらいしか使わない人もいるでしょう。出番が少なくても、代用が利かないものなら、捨てる必要はありません。ただし、こういったものは、「使いやすい引き出しの1等地」ではなく、使いにくい引き出しや、物置に収納することにしています。

【30㎝四方以上のものはなるべく買わない】

私はスペースの有効活用と、捨てるときの手間を考えて、30㎝四方以上の日用品はなるべく買わないようにしています。あるいは、買うときには相当程度の覚悟を持って買うことにしています。

うちは洗濯カゴも1辺、約30㎝です。2人暮らしということもありますが、2日もすればカゴがいっぱいになるので、洗濯物をためずに済みます。

ゴミ箱も大きいほどゴミを溜めがちなので、サイズダウンをおすすめします。家事の逐次処理を習慣づける上でも、もののサイズを小さくすることは有効です。

家電や家具など、30㎝四方を超えるものを買うときは、一所懸命考え、悩みます。

1 どのくらいの頻度で使うか

2 コスパは見合っているか

3 家にあるほかのもので代用できないのか

この3点を考え抜きます。この考え方は、できるだけものを増やさずに、片づいた部屋を維持する基本の考え方でもあります。

【浴室の洗面器と椅子、浴槽のふたも処分】

浴室にも、数種類のヘアケア用品やボディタオルなど、あまり使っていないものが意外と潜んでいます。家族が多いほど潜む数は多くなるでしょう。

しかし、浴室ではシャンプー、リンス、ボディソープが各1種類ずつと、ボディタオルの計4品あればいいのです。化粧を浴室内で落とす人は、クレンジング剤を加えれば事足りるはずです。

うちは4品のみにしたので、それまで使っていたステンレスのラックを処分しました。シャンプー類は、出窓のようなところに立てています。

そして、洗面器も捨てました。シャワーがあるために、ほとんど使っていなかったからです。

お風呂椅子は毎日使っていましたが、髪も体も、立って洗ったほうが背中や腰が丸まらなくて健康的なので、立位のほうが洗いやすいと思い、処分しました。

さらに、浴槽のふたもずっと壁に立てかけたままで、よく考えたら使っていないことに気づきました。

ふたはお湯を沸かしてすぐ入れば必要ありません。家族が複数いて、同じ時間帯に入れない場合はお湯を足すか、追い焚きすれば事足ります。意外とふたを立てかけたままの家庭はあるのではないでしょうか。

これらのものを処分したら、すっきりと片づいた見た目の良さだけではなく、水垢などの汚れが溜まりにくくなって、掃除が格段にラクになりました。お風呂掃除は面積も広く、汚れを落とすのに手間も時間もかかる重労働です。ものを減らせば、単純に掃除の手間も同じ数だけ減っていきます。

「干さない&たたまない」超スピード洗濯

【手間は道具とアイデアで徹底的にカット】

洗濯は、料理や掃除と並ぶ家事の3大重労働です。工程が多く、家族が多くなるほど時間もかかるため、最大限簡略化したい家事の1つです。

そういった意味で「よくぞ出してくれた！」と手を打ったのが、P&Gの「アリエール　パワージェルボール」でした。発売されて以降、ジェルボール一筋です。

洗剤が水で溶ける柔らかなカプセルに

たいていの洗濯機の容量なら1つボールを放り込むだけでOK。洗剤のふたをとって、計って……という工程がいかにめんどうだったか実感。

入っていて、洗濯槽にポンと1つ放り込むだけでいいのです。使い始めた頃は、洗剤を計らなくて済むのがこんなにもラクなのか、と毎回感動していたほどです。粉末洗剤の粉が散らばり、液体洗剤で液垂れするなどのストレスからも解放されます。

専用のプラスチックケースで販売されているのですが、私はそのふたすらもむしりとって使っています（笑）。ボール状なので、乾いたりこぼれたりといった心配もなく、問題ありません。ふたの開け閉めの手間がなくなったぶん、さらにラクになりました。

【小物は平置きネットに〝まく〟！】

洗濯物干しの簡略化のためには、まず、下着や靴下、ハンカチなどの小さい洗濯物は、ピンチハンガーに吊るして干す、という固定概念を捨てましょう。

洗濯物を干す目的は、風通しをよくして、衣類の表面積を空気に触れさせることです。吊るさなければできないことでは、まったくないのです。

私は、セーターなどを干すときに使う平干しネットに、小物類を〝まいて〟います。

洗濯槽から取り出して、ネットの上にポンポンと置いておしまい。ピンチハンガーに一つひとつはさむ手間もなければ、靴下をペアにする手間もかかりません。

そもそも平干しネットを買ったのは、断捨離後、セーターやワンピースを極力自分で洗濯するようになってからです。ただ、使う出番が少なくて、もったいないと思っていました。

それでふと、小物類をまいて干すことをひらめいたわけです。

干す場所はお風呂場の浴槽の上です。平干しネットの四隅を、浴槽のふちにおけば、下側の通気を確保できます。

お風呂を使うのは入浴するときだけで、1日に数十分のみ。それ以外使わないのはスペースのムダ遣いなので、物干し場として活用しているのです。あんなに大きいスペースを取っているわけですから、もっともっと活用してあげましょう。

ピンチハンガーに吊るして干すよりも、平干しのほうがよく乾きます。また、ピンチあともつきません。取り込むときも、ネットを傾けるだけ。一気にザーッと取り込めます。これも、ピンチハンガーにはない手早さです。


【ハンガー吊るし干し▼そのままクローゼットへ】

靴下や下着は平干しネットにまく！　取り込みは１秒で完了。ピンチに挟むよりずっと早い。

小物類以外のシャツやパンツなどはハンガーで干し、乾いたらそのままクローゼットに移して、掛けて収納しています。

こうすると、洗濯物をハンガーから外す→たたむ→しまう、という３ステップが、最後のしまうステップだけに短縮できます。

タオルや寝具などの大きい洗濯物は乾燥機に入れて乾かしますが、乾燥機から取り出したら、必ずたたむ手間がかかります。

そういった省けない手間があるからこそ、省ける手間は徹底して排除したほうがいいのです。

【2つの洗濯カゴの意味】

数ヵ月前から、うちでは、1辺30㎝の小さい洗濯カゴが2つになりました。

狙いは、乾燥機で乾かせるものと乾かせないものを、分別するためです。

それまでは洗濯するときに仕分けていましたが、あらかじめ仕分けておけば手間が省けます。

こまめに洗濯していれば、洗濯物を仕分けるのに1分かからないかもしれません。

しかし、毎日の1分は1年で365分、6時間以上のロスになるのです。

もちろん、同居する娘に、カゴを2つにした意図を説明しました。

自分のものは自分で洗濯するように、といってもなかなかやってくれないものですが、カゴに分けて入れるぐらいのことは、素直にやってくれます。

【デリケート洗いのものをためないコツ】

セーターやワンピースを自分で洗濯するようになって、以前よりデリケート洗いで洗濯する回数が増えました。

とはいえ、数週間に1回のペース。その間ずっと、デリケート洗いしたいものがたまるのを待っていました。早く着たいものがあるときなど、待つのはストレスでした。いっそ、クリーニングに出してしまおうと思ったり……。

でも、よく考えたら、セーターやワンピース以外のもの、油汚れのような頑固な汚れがついたものでなければ、一緒にデリケート洗いしても構わないわけです。

デリケート洗いしたいものを普通洗いにするのはNGですが、その逆はなんの問題もありません。むしろ、タオル類はたまにデリケート洗いすると、肌触りが復活していい感じです。

【布団を干さない布団干し】

私たちは、毎晩寝ながらコップ1杯分の汗をかき、それを布団は吸い続けています。

こまめに布団を干したくても、布団干しは重労働ですし、最近は屋外にものを干せないマンションも増えています。

それでいい布団乾燥機はないかと探したところ、ありました。

「スマートドライ」という象印の布団乾燥機で、温風を送って乾燥させるタイプです。

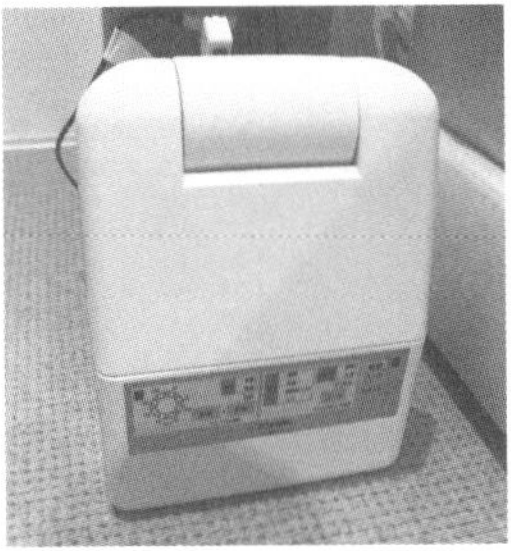

マットもホースもない、象印の布団乾燥機。送風口を布団に差し入れるだけなので、めんどうがなく、こまめに布団を乾燥するように。寝具の快適性がいいと、睡眠の質もあがるのを実感。

価格は1万円台とお手頃です。

従来品の多くは、布団にホースやマットを入れて膨らませるため、めんどうな手間がかかりましたが、これは折りたたまれた機械を開いて、布団の中に入れるだけです。

収納時のサイズは、縦と横が30㎝前後で、厚さは13㎝。私はベッド脇に立てておいていますが、まったく邪魔にならない薄さです。

湿気の多い梅雨どきや寒い日はこれで布団を温めてからベッドに入ると、ぽかぽかと気持ちがよく、非常に快適です。

第3章

超ロジカル収納編

〝収納破産〟を乗り越えて

【INとOUTを管理して収納破産のリバウンドを防ぐ】

この章は、お片づけ、特に収納について説明していきたいと思います。

家が汚れるか、汚れないか。その分かれ目は実は「収納」と「持ちもの」のバランスにあったのです。私たちは、クローゼットや棚にものを収納できているうちは、家もすっきりしていますし、それなりに片づいて見えます。しかし、問題は、ものが多くなりすぎて、収納の容量をはみ出した時です。

ものを収納し切れなくなった家は、ソファや床が収納場所と化してきて、だんだん足の踏み場がなくなっていきます。

私は、それを「収納破産」と言っています。

つまり、片づかない家は家の収納の容量に比べて、ものが多すぎるのです。さらにいってしまうと、こういった収納破産をした人ほど、次の家でもっと収納を大きくしようとしますが、破産をする人はお金がある限り使ってしまうのと全く同じで、収納がある限り使ってしまうため、状況は決して良くなりません。

私たちは収納スペースがパンパンになると、片づける手段を失ったように感じられます。そうなると、収納破産するのは時間の問題です。

私は収納破産を何度も繰り返し、そのたび引っ越して、目先の解決をしていました。それはまるで借金ができるたびに、親や親戚に頼み込んで、とりあえずの解決をしている人とまったく同じでした。

引っ越して2、3年は、〝普通の家〟を維持できます。ところがしばらくするとまたものが増えてあふれ出し、収納し切れなくなって収納破産、反省してより収納の多い家に引っ越す――の繰り返し。反省すべき点を、完全に間違えていました。

収納の多い家に引っ越すと、一時的には収納破産状態から解放されますが、スペースと時間の問題で、またものがあふれ出しました。

まるで、低カロリーダイエットと同じ現象です。カロリーが低いものを食べ続けると、一時的にはやせますが、正しいダイエット法ではないので、その後、ほぼ必ずリバウンドするからです。

「ダイエットのように、収納もリバウンドしない方法を考えなくてはいけない」

そう決心したとき、遅まきながら、収納破産する最大の原因は、収納の容量に対して、ものが多すぎることだと気づきました。さらに言ってしまうと、日々の生活の中で、家に入るものが、出るものの量より多いので、必ず家にどんどんものが増えていくのです。これもダイエットとまったく同じです。時間が経てば経つほど、家はものであふれかえるようになります。

だからこそ、まずは不要なものを家から追い出すこと、さらに一度追い出した後で、普段の生活の中でものが増えない仕組みを作る必要があります。そのため、使っていない不要なものを家から捨てました。それはなんと、持ち物の8割でした。物置に詰め込んでいたものにいたっては、9割以上がゴミ同然のものでした。

詳しくは『2週間で人生を取り戻す！　勝間式汚部屋脱出プログラム』にまとめて

ありますが、処分したものの中で一番の大物は毛皮のコートでした。

「私、毛皮のコートをこんなに持ってたんだ！」

クローゼットの奥の奥から、4着もの毛皮のコートが〝発掘〟されたとき、思わず声を上げて驚きました。

振り返ってみれば、確かに買った記憶があり、その年には数回着たことも思い出しました。自分にとってとても高価なものだったのに、目につかない所にしまったせいで、完全に存在を忘れていました。そのことに落胆さえ覚えました。もちろん、毛皮のコートだけではなく、さまざまなものが、買ったことすら記憶からすっぽりと抜けていました。そんなものは家にあっても仕方がないのです。だって、まったく使えないのですから。

【買う前に捨てることを考える】

服ほど、収納破産しやすいものはありません。

服を買う前に捨てる習慣を身につけないと、当然、クローゼットからあふれ出す運命にあります。

そのことにようやく気がついてからは、服を買う前に着古したものを捨てて、ＩＮとＯＵＴのバランスを取るようにしました。どちらかというと、ＯＵＴが多めになるように、常に捨てるものがないかチェックしています。

ＯＵＴをためらわないように、服の予算は1着1万円を目安にしています。5回も着れば、元が取れるという計算で、10回着られたら御の字です。

3万円も4万円もする高い服を買うから、処分にためらうようになるわけです。

1着1万円なら、大した執着は生まれません。クリーニングに出すこともなく、家で洗濯できますし、また、余ってきたら、捨てられます。

「高い安いに関係なく捨てるのはもったいない！」「着古した服だってすぐに捨てることはない」と思われた方もいるでしょう。

そう思う理由は「今は着ないけど将来着るかもしれない」と考えたからだと思います。この考えは非常に厄介で、人はその時点で捨てる決心がつかなくなります。

それが積もり積もって、収納があふれかえりはじめ、最後は収納破産の状態になるのです。

クローゼットの定員を守る
「買ったら（IN）、減らす（OUT）」
を習慣に

【スペースのムダ遣いが最大のムダ金】

よくよく考えてみてください。

都内で60平米の家を、月に15万円の家賃で借りている、もしくは同じくらいのローンを負担している場合、家には1日当たり5000円のコストがかかっています。クローゼットが1㎡（約0・6畳）だとしたら、服を維持するのに1日約80円払っている計算になります。1カ月で2400円、1年間で約3万円です。

これだけのコストをかけて、将来着るかどうかわからないものをとっておくほうが、よっぽどもったいないと思いませんか？

「将来着るかもしれない」ものが増えるほど、クローゼットのスペースは減り、収納しきれなくなった服が、部屋中にあふれ出します。

新しく買った服やよく着る服ほど床やベッドの上でぞんざいに扱われて、まったく着ないものがクローゼットの中できちんと保管されている、というのはどう考えてもおかしいのです。

私にとって「高かったけれど似合わないスーツ」「サイズの合わないカシミアのコー

ト」は、今も着ていないし、将来も着ないものです。こう考えられたとき、呪いが解けたようにすんなり捨てられました。

また、こういうものがあればあるほど、気持ちにも負担がかかりますし、洋服を探すのも大変になります。さらに、新しくて良いものを手に入れる足かせにもなります。

服に限らず、あらゆるものに対して「今は使わないけど、将来使うかもしれない」と考えると、同じような事態に陥ります。

経験上、「将来使う『かも』しれない」ものを使う日は、まず訪れません。その存在を忘れてしまうからです。あるいは、確かにたまに使うものはあるかもしれませんが、それは何十個に1個でしょうか？　そしてその1つのために、何十倍ものものを残す必要があるのでしょうか？

「今使わないものは、将来も使わないもの」の可能性が極めて高いのです。

収納という概念を捨てる

【ものがなければ収納する必要はない】

部屋を散らかさない最大の仕組みは、ものを増やさないことです。あたりまえですが、ものは少ないほうが管理がラクにできます。管理できている状態は気持ちよく、自己管理できている自分を信じられます。

逆に、ものが増えるほど管理が大変になり、管理するのが難しくなるにつれて、自己管理できていない自分が信じられなくなってきます。

家の中の状態は心の内を現すと同時に、精神状態を左右するものでもあるわけです。身の回りが乱れていれば、心の中も穏やかじゃないということ。さらに、乱れている状態が続くと、精神状態は悪くなる一方でいいことなしです。

【人間が管理できる数は最大8つ】

人間が何かの作業をしながら、一時的に記憶できるワーキングメモリーは、7チャンクか8チャンクしかないと言われます。チャンクというのは、記憶の単位です。電話番号も、郵便番号も、7－8桁しかないのは、それ以上いっぺんに私たちが覚えられないからです。

つまり、棚や引き出しを開けたとき、視界に入る範囲で把握できる量は、7つか8つまで、ということです。それ以上になると、管理不能というストレスがかかります。たとえば、クローゼットにストレスなく服を納めるとなると、ワンピースや上着などを合わせて7、8着まで。それが難しい場合は、上下を合わせたコーディネートで7、8種類にするなど、自分なりの法則にそって並んでいる必要があります。それ以上あると迷いが生じ、選びにくくなります。

食器棚のお皿やコップについても、形や大きさ別に7、8種類までにしておかないと、私たちはパッと把握できないというわけです。

把握しにくい状態だと、整理できていないと判断し、片づけなければいけない、とストレスを感じ始めます。

私はストレスがかからない情報量は、3〜5チャンクだと思います。もはや収納するに値しない少なさですが、収納＝たくさんのものをあれこれ工夫してしまう、という概念は捨てたほうがいいのです。

【しまうよりも「置く」がいい】

整理術を必要としない収納こそ、散らからない究極のコツです。ものを少なくすれば、しまう、というより「置く」という感覚ですみます。こうなると、完全にストレスがなくなります。収納しようと考えないですむ状態が、究極に理想的なもののあり方だと思います。

うちのクローゼットは寝室に作り付けで、服をかけるバーのほかに大きな引き出しがありますが、使いにくいので、引き出しは基本的に使っていません。入っているのは、滅多に使わないゴルフウエアが2、3枚だけ。しまっているというより、がらーんと開いたスペースに〝置いている〟状態です。

こうなるとひとめで把握できるので、とても気持ちがいいです。

引き出しの中を間仕切る板など、たくさんのものを整理する収納グッズの類は、一切必要ありません。その収納グッズ自体が、スペースを取ります。

収納グッズを多用するほど収納上手に近づく気がするのでしょうが、うまく使いこなさなければ、ムダにスペースを取るものに過ぎません。

それよりも、収納グッズを使わなくてもすむ方法、もっと言えば、収納をしなくてもいい数に減らすことを考えたほうが、ストレスはなくなります。

ものは種類ごとに最小限の定数に抑える

【服　ワンピース15着、下着は上下4セット】

家の中のものを増やさないコツは、それぞれの種類別に、最小限の定数を設定することです。新しいものを購入したときは、どれかを処分するなど、常にその定数を一定にすることで収納の悩みから確実に解放されます。

私の外出着の多くはワンピースで、常時15着ぐらいあります。最近テレビのレギュラーが増えたので、服の全体数も増やしました。色はブラック系、青系、ベージュ系の3系統にしています。

普段着はパンツが4本、トップスのTシャツやセーターが4枚ずつ。

下着は、色別になったブラジャーとショーツのセットが4組ずつ。

細かくいうと、ブラ1に対してショーツ2の割合で、ブラック系、ベージュ系、ブルー系など、ひとめで見分けがつきやすい色別にしておくと、引き出しの中でバラバラになっていても取り違えません。同系色で柄違いのものにすると、見分けにくい上、セットにしてしまうなどの手間がかかるので、色別にしています。

ストッキングは4足で、ストック分は1足。色はもっとも素肌に近いヌードベージュのみ。ヌードベージュなら服を選びませんから、1色だけですみます。

靴下は4足。靴下は家用で、普段着のパンツは白が多いので、白ソックスが中心です。主にコンビニで購入します。

今もっている服のすべて。断捨離直後よりもだいぶ増えて、コート2着にワンピース15着。ブラス、ボレロが数枚。あとは上の棚も下の引き出しも下着やシャツが数枚〝置かれてる〟くらい。何を持っているかすべて把握できるのは、これが限界。定数は原則増やさない。

すべて、ワーキングメモリーのストレスにならない数や種類に抑えています。下着類の場合、「週に一番少ないときでも2回」という我が家の洗濯の最大サイクルとも合っていて、その点でもムダがありません。

「たったそれだけの枚数じゃ足りない！」と思われるかもしれません。特に下着類の場合は、たくさんないと不安に感じる人は多いでしょう。

しかし、一度やってみるとわかると思いますが、その数に抑えると管理が非常にラクです。しかも、引き出しに空間ができるので、たたまずにそのスペースへふわりと置くだけで、収納がすみます。

下着の数を増やすのではなく、下着の数が足りなくならないように、洗濯の回数を増やすなど、ライフスタイルのほうを変えるのです。下着類はマメに洗ったほうが清潔です。

ちょっとした発想の転換だけで、家事の手間はぐんと効率化されるものです。

【リネン　種類と数を決めて、色を統一】

うちにあるタオルは、バスタオルとフェイスタオルの2種類のみ。

以前はフェイスタオルやトイレタオル、キッチン用など、色んな種類がありましたが、考えてみれば、すべて手や顔をふくのは一緒。それ以外を拭くことはないのだから、使い分ける必要はないことに気づきました。

キッチンで使う、台拭きとお皿を拭くふきんは別にしています。


数はバスタオルが家族2人で2日分の6～8枚。フェイスタオルは12枚ぐらい。リネン類の洗濯は、2日に1回はしているので、収納しっぱなしの〝死んでいるタオル〟は1枚もなく、すべて同じペースで回転しています。

色は、無地の白で統一しています。一番汚れが目立ち、取り換え時期も明確だからです。

また、白だけにすると、棚にしまったときの〝整理整頓度〟が増します。

買い直すときも、白いタオルならどの店にもあるので、店選びの手間も省けます。

リネン類は1年に1回、毎年1月に買い換えます。

うちでは、シーツや枕カバーなどの寝具も、白を基本にしてそろえています。数は使っているものと洗い替え用が1組ずつ、合計2組。

1週間目安で交換するので、2組で十分足りています。

【日用品　買い溜めしないでジャストインタイム】

日用品は「どうせ使うものだから安いときに買い溜めしておこう」と思いがちですが、買い溜めにも限度があります。買い溜めしすぎると、何をストックしているのか、覚えていられません。それで、さらに買い溜めしてしまうわけです。

ストックする数も、最小限に抑えることがポイントです。「ジャストインタイム」、すなわち「必要なものを、必要なときに、必要なだけ」ストックすることを心がけたほうが、スペースのムダ遣いも防げます。余分にストックしないことも、収納上手への近道の1つです。

例えば、トイレットペーパー。うちで使っているものは、1セット6ロール入りで、6ロール目を使い出してから、新しいものを買い足すようにしています。ティッシュペーパーは1セット5箱入りですが、買い足すタイミングは同じです。

トイレットペーパーはロールの巻きが1・5倍など多いものを、ティッシュペーパーは枚数が多いものを買うのもポイントです。1つの量が多い分、長く持つので取り替えと買い物の回数も減るからです。

同様の理由で、食品用のラップフィルムも50メートルなどの業務用の長いものを買っています。メーター当たりに換算すると、巻きが短いものよりもコスト安です。うちでは、50メートルのラップフィルムが、半年ぐらいは持ちます。ラップフィルムは捨てるときにカッター部分をはがすといっためんどうな手間がかかるので、捨てる回数をなるべく減らすメリットは大きいと思います。


そして、忘れてはならないのが、日用品や食料品をストックしている棚をマメにチェックすることです。

購入から半年経っても使わない、または数や量が減らない在庫は捨てましょう。使うと思って買ったものでも、実際の活躍の場がなかったわけです。

私も、一時ハマったグリーンカレーペーストを大袋で買ったことがありますが、ブームが去ると、見事にパタッと食べなくなるものです。

久しぶりに目にして、また作ろうと思えば捨てる必要はありませんが、もう自分で作ることはないだろう、と思ったら捨てるべきです。私が下した判断は、後者でした。

ちなみに、非常時の備蓄はしています。停電時用のカセットコンロが1つあり、ガスボンベもストックしています。

食糧の備蓄は家族2人分の米や豆類のほか、3日に1回買い足す食材が、常に1〜3日分あります。水は、15リットルほどストックしています。

東京に住んでいれば、非常時でもそれくらいで大丈夫なのではないでしょうか。

【食器　形や色を統一すると整理整頓度が上がる】

今持っている食器のすべて。青×白の和食器で統一。シンプルなものを選ぶとおかずからおやつにまで使える。詰め込まないから取り出しやすく、ひとめで何がどこにあるのか把握しやすい。

お皿類はすべて2〜4枚ずつ、白と青をベースにした同じシリーズのもので統一しています。

タオルを白で統一するのと同様に、色やテイストを統一することで、棚に並べたときの〝整理整頓度〟が上がります。

日常的によく使うものは、手が

届きやすい胸から目線の高さにある位置にしまい、グラタン皿のように使用頻度が低いものは、その位置から外します。ワイングラスなど、来客時にしか使わないものは一番下段にしまっています。

箸は、すべて同じもので統一しています。家族用もお客様用も共通です。組み合わせを探す手間が省けますし、2本のうち1本が欠けたとしても、もう1本は捨てずに使えるので、ムダがありません。

保存容器はジップロックのコンテナで統一。容器は規格をそろえると重ねやすく、ふたもまとまりやすい。

タッパーは、ジップロックのコンテナというシリーズで統一しています。角形を大きさ違いで2種類、円形のスクリューロックタイプを1種類と、計3種類で使い分けています。種類ごとに本体とふたを別々に重ねることでスペースもとらず、色も同じなので見た目も整然としています。

以前は、いろいろな大きさとデザインのタッパーを持っていました。それでよく、ふたがない、大きさが合わない、といったことがありましたが、規格の統一後、その煩わしさから解放されました。

食器は

1「規格をそろえる」

2「色をそろえる」

この2つのポイントをおさえた上で、家族の人数に対して最小限の枚数に抑えることで、ストレスなく日々の管理をこなすことができます。

【本　できるだけ電子書籍】

私の仕事上、資料となる本は他のものと違って「買わない」という選択は取れません。そのためどんどん増えるので、読んで内容を頭に入れたら、古書店で引き取ってもらう、人にあげるなどして、できる限り手放すようにしています。

仕事関係の書籍はできるだけ会社に置くなど、家のなかに持ち込まないのも一案です。

手元に残す本は、愛読書や希少価値の高いものだけにするなど、自分なりの基準を設けて本棚を仕分けるといいでしょう。

私は最近、Ｋｉｎｄｌｅで、電子書籍を購入する機会が増えました。外出先や移動中の読書が身軽になって、一石二鳥です。一度手放した本で、もう一度必要になったときには電子書籍で買い直すこともあります。

しかし、一度処分した本の再購入をすることは３カ月～半年に１回あるかどうかで、ごくまれなことです。

再購入するのはもったいない、と思うかもしれませんが、一度読んで、次にいつ読むかわからないものを本棚に置き続けるほうが、スペースのムダ遣いです。それであれば、必要に応じて、どうしてももう一度見たい本は、再購入すればいいわけです。

第4章

超ロジカル家計術

脱・節約！お金は「枠」で管理する

【使っていいお金の枠を決める】

家計管理の超ロジカル化もフレームワークが基本です。

あらかじめ、月の収入（手取り額）に対して、使ってもいい「枠」＝各費目の予算を決めることから始めます。

その枠内で収まる範囲であれば、好きに使って大丈夫です。細かいことは気にしないでいいでしょう。

なんでもかんでも切り詰めて節約する方法はストレスなので、長続きしません。それよりは、枠を決めて管理をしましょう。

枠内で生活ができれば、無理に切り詰める必要はないと思います。各費目の理想的な枠の割合は左図にまとめた通りですので、ご自宅の家計に当てはめてみてくださ

収入(手取り額)に対する各費目の割合目安

家賃／住宅ローン	20%が理想で、上限25%まで
貯　蓄	10〜20%、20%が理想
教育費	20%以内
通信費	5%以内
食　費	自炊派は15%、外食派は20%
衣料費	10%以内(下着類も含めて)
光熱費	5%
雑　費	10%
お小遣い	5%(最小%でおさえた場合)

い。

一般的に、家計でもっとも大きな割合を占めるのは家賃、および住宅ローンです。不動産サイトなどでは、収入(手取り額)の30％を目安に、と書かれていますが、私はこの枠だと苦しいと思います。

家賃や住宅ローンは、収入の20％以内で収めるのが理想で、上限は25％までにすべきです。そうすることで、貯蓄に回す余裕が生まれます。

家賃や住宅ローンは安いほどよく、会社の家賃補助や社宅がある人は利用しない手はありません。この範囲に収めるためには、多少駅から遠いとか、古い物件も視野に入れるといいでしょう。駅から遠ければ、よく歩くようになります。

次に出費がかさむのは、子どもがいる家庭の場合は教育費です。

子どもには、ついついお金をかけたくなるのが親の心理です。たとえ予算をオーバーしてしまっても、子どものことだから仕方ない、と正当化しがちでしょう。

しかし、教育費にも上限を設けないと、家計は破綻します。

教育費の目安は収入の20％。この枠の中で学校選びや習い事を決めないと、家計はうまく回りません。教育費を増やすために、食費や光熱費など生活の基盤に必要不可欠な費用を無理に減らして健康を害したら、身もふたもありません。

【優先順位が高い順に微調整を】

子どもがいない人は教育費がかからない分、将来のための貯蓄や衣料費に回すといいでしょう。

逆に、少しでも教育費に回したい場合は、服をなるべく安く手に入れる――ネットオークションなどで購入するといいと思います。ネットオークションには、新品の未使用品や数回着ただけの掘り出しものも少なくありません。

よく、家計の見直しで問題視される通信費は、5%以内に収めます。一般家庭の平均は3%ぐらいです。通信費の枠を決めてから枠内で買える機種を選び、料金プランを選べば、オーバーすることはありません。

タブレット端末を持っている方は、スマホとタブレットの合算プランでお得なものがないか、チェックしてください。

私は、iPhoneとiPad miniの合算コースにしています。通信の世界は変化が目まぐるしく、日進月歩。定期的に、お得な料金プランがないか、また不要なオプションがついてしまっていないかなど、チェックするようにしましょう。

また、意外とかかるのがアルコール代です。私はお酒を飲まないので、割合目安の表にも入れていませんが、お酒を飲む人の場合、アルコール代を食費やお小遣いから捻出すると思います。

アルコール代をどうしても削りたくなければ、外食派から自炊派に切り替えて、浮いた分を回すなどの調整が必須です。外ではなく、家で飲むようにするだけでも、圧倒的に安くできるはずです。

ただ個人的には、アルコール代は将来に何も残らないので、おすすめできません。いわゆる飲み会の回数を減らすだけでも、家計的にはずいぶんラクになるはずです。

時々必要になる家電の買い替え費用などは、10％の雑費の余り分を当てます。数千円のものなら気軽に買えますが、数万円の場合は計画的に貯める必要があります。その分、しっかり吟味するので、ムダな買い物を防ぐことにもつながります。

また、家電についても、壊れてからあわてて買い替えるのではなく、ある程度の目安をつけて買い替えます。

家電の買い替えではついつい最新の家電を買ってしまいがちですが、型落ちならその半額ぐらいで普通に買えます。

10年おきに最新家電を買うよりは、6年おきに半額になった型落ち家電を買った方が予算は少なく、利便性高く家電を楽しめます。

実際、私は最近テレビを2台買い替えましたが、意思をもって「4Kでなく2K」を選びました。4Kのソフトがないうちに4Kを買っても仕方がないからです。型落ちの2Kテレビなら、投げ売りされていて価格も手頃でした。


【家計破綻と収納破産の原因は同じ】


「いつも、気づいたらお金がなくなっている」

「ムダ遣いしているつもりはないのに、お金が貯まらない……」

お金が貯まらない人は、決まり文句のようにそう言います。

お金が貯まらない人に共通することが、2つあります。

1 使わないものを買う

2 買ったものを捨てない

この2つをしている限り、家計簿をつけていたとしても、まず、お金は貯まりません。

家計破綻の原因は収納破産と同じで、前者はお金を、後者はものをきちんと管理できないことにあります。

収納の最大のコツが、不要なものを捨てて、ものを増やさないことであるように、家計管理のコツも、ムダ遣いを見つけて削ることです。

仕事を増やして収入を上げればいいのでは？　というのは、部屋がものであふれ返ったから、収納がより大きい家に引っ越そう、という発想と同じです。根本的な解決にはなりません。削る気がない以上、引き上げた分際限なくムダ遣いをするものです。

時間をかけてお金を稼いでいるのに、そのお金をムダにするのは、時間をムダにすることになります。

時間が過ぎるということは、命が削られるということ。命は有限です。

家事もしながらがんばって仕事で成果を残したことも、上司の嫌味をがまんしたことも、すべて自らムダにするのは虚しすぎます。お金をムダにすることは時間＝命をムダにすることです。

脱・家計簿！
出費はカード明細で把握する

【めんどうな家計簿つけは不要】

私は食材はネットスーパーで、日用品はアマゾンで購入していて、いずれもカード決済にしています。カードの利用明細書をみれば、お金の動きを把握できるので、家計簿はつけていません。つける必要がないのです。

有料の紙の利用明細書を郵送してもらわずに、ネット上で確認するネット明細に変えると50～100円安くなることは知っていますが、私にとっては、50～100円で月々の家計簿を送ってもらっているも同然です。実店舗で買い物をしている人も、現金からカード決済に変えると、家計簿をつける手間が省けるのでおすすめです。

光熱費や通信費などの明細書も、郵送で送ってもらっています。

ネット明細にすると、意外と確認しなくなるものです。紙で送られてくるからこそ、その都度チェックすることが習慣化されて、多ければ見直す機会にもなります。

また、光熱費や通信費の支払いは銀行引き落としではなく、カード払いにすれば、カードのポイントが稼げます。ポイント付与率が悪かったとしても、いずれの費用も毎月、それなりの額がコンスタントにかかるわけですから、定期貯金のようにちりも積もればで、馬鹿にならないポイントになります。

そもそも私は、ムダ遣いを防ぐために現金をあまり持ち歩かないようにしています。お金は食べ物と一緒で、目の前にあったら使いたくなるものです。気づくとなくなっていて、使途不明金だらけになるのは、お金をたくさん持ち歩くせいです。持ち歩く額を必要最小限に抑えれば、考えて使うようになるのでムダ遣いがなくなります。

クレジットカードのほか、ＳｕｉｃａやｉＤやＱＵＩＣＰａｙなどの電子マネーも活用しています。電子マネーはチャージ額を意識して使う分、ムダ遣いしにくいと思います。ちゃんと利用履歴も残るので、お金の動きを把握できます。

とにかく、一番まずいのは、お金の使用用途がわからなくなることです。

現金の場合、私は「蒸発する」という表現を使っていますが、気がついたら、手元からなくなってしまいますので、注意をしてください。

ムダの代表選手は車

【お金を貯めたいならマイカーはもたない】

家計の見直しというと、光熱費や通信費などの、必要不可欠なものも削ろうとするケースがありますが、私はちゃんと使っているものに関してお金がかかるのは仕方がないと思っています。

見直すべきは、不要なもののためにお金を使っていないか、ということです。その代表選手の1つが、マイカー。特に、平日にマイカーを使わない人や、公共の交通手段で代替できる人は、カーシェアリングなどに切り替えることをおすすめします。

かつて、子どもが小さかった頃はよく乗っていたけど、今はあまり乗っていない。でも「なんとなく便利だから」車の所有を維持し続けている……。そのような人は、少なくないと思います。

遠方の目的地までタクシーで行くのはさすがに高くなりますが、初乗り運賃が400円台に下がったので、近場で行ける範囲は広がったと言えるでしょう。

今や、タクシーはネットからも呼べて、利便性が上がっています。

配車料は会社によって異なりますが、だいたい200〜300円です。

あるいは、最近はカーシェアリングや、安いレンタカーもたくさんあります。


さらに言ってしまうと、私のお気に入りの移動法はSuicaを搭載した「アップルウォッチ2」でどこにでも行くことです。

時計が電子チケットになっていますから、切符を買う手間がないどころか、カードを出す手間もないのです。時計がSuicaになってから、バスや地下鉄を乗り換えて移動することがまったく苦でなくなりました。


さまざまな家事の効率化については、小さな改善の積み重ねだという話をしましたが、交通手段に関しても、アップルウォッチ2のように、ほんの少しの手間ひまを省いてあげることで、なんとなく持っていたマイカーが不要になるのかもしれません。

高級車を買った場合は、さらに保険料などが高くなります。２５０万円の車を、５年で償却する場合、月々ガソリン代抜きで6万円ぐらいかかるでしょう。まして輸入車になりますと、メンテナンス代や修理代が国産車の数倍にもなります。

私がよく、「お金を貯めたいならマイカーは諦めて」といっているのは、こうした理由からです。特に、都市部の賃貸駐車場で、週に1回しか乗らない場合は、かなり割高な買い物をしていることになります。

【都市部在住で、週１回しか乗らないなら手放す検討を】

車社会の地方の人は、車の維持費にお金がかかる分、家賃や食費が安く済みます。都市部在住でも、毎日車を使うなら持っていたほうが得です。毎週車を使おうとして、週2回の使用でぎりぎりセーフといったところでしょうか。

週1回、もしくは1回未満なら、手放したほうがいいでしょう。

車のような資産は、稼働率が30％を超えないと元を取れません。たとえば週1回、車で乗って行く先が最寄り駅や近くの病院なら、タクシーを利用したほうが安くすみます。

遠方の目的地までタクシーで行くのはさすがに高くなりますが、初乗り運賃が40０円台に下がったので、近場で行ける範囲は広がったと言えるでしょう。

今や、タクシーはネットからも呼べて、利便性が上がっています。

配車料は会社によって異なりますが、だいたい200~300円です。

あるいは、最近はカーシェアリングや、安いレンタカーもたくさんあります。


さらに言ってしまうと、私のお気に入りの移動法はSuicaを搭載した「アップルウォッチ2」でどこにでも行くことです。

時計が電子チケットになっていますから、切符を買う手間がないどころか、カードを出す手間もないのです。時計がSuicaになってから、バスや地下鉄を乗り換えて移動することがまったく苦でなくなりました。


さまざまな家事の効率化については、小さな改善の積み重ねだという話をしましたが、交通手段に関しても、アップルウォッチ2のように、ほんの少しの手間ひまを省いてあげることで、なんとなく持っていたマイカーが不要になるのかもしれません。

子どものための〝終身保険〟はムダ

【もっともったいないのは終身保険】

自分が死ぬときに下りる死亡保険。

いつ死亡するかわからないから、一生同じ保障が続く終身型に入っている人も多いと思います。

特に、子どもがいると、お金をより残したい気持ちから終身型を選びやすいと思いますが、日本人の平均寿命は伸びています。最新の平均寿命は、男性が80・79歳、女性はもっと長くて87・05歳。かりに80歳で他界するとして、そのときお子さんはいくつでしょうか。

40代や50代の立派な大人で、自分の家庭を持っている年齢です。

その大の大人に、何千万円も残す必要はないと思います。残すのは自分の葬式代ぐらいでいいのです。

特に終身型の生命保険は、手数料が高いのでおすすめできません。

将来、大人になる子どものために、毎月1万も2万も積み立てるより、まだ成長過程にある今現在の子どものため、あるいは今の生活を豊かにするために使うべきです。

【子どもがいる人には「逓減《ていげん》型」がおすすめ】

たとえば、同じ保険を契約する場合でも、3000万円の終身型はもっとも高く、一定年齢まで3000万円の保障が続く定期型に入ると次に高くなります。

一方、子どもが小さいうちは5000万円とか出るけれども、大きくなるにつれて保障額が減っていく逓減《ていげん》型に入るのとでは、逓減型が一番安くなるのです。

これまで、保険というと無条件に終身型を想定し、貯蓄がわりになんとなく入っていましたが、保険の性質は何かということを見直し、必要な保険に切り替えることをおすすめします。

私には3人子どもがいて、逓減型の生命保険に入っています。

保障金額は、子どもの成長のために必要な生活費です。大学を卒業すれば自活できるだけの能力が身についている、という前提に立てば、子どもたちが大学卒業年数に近づくほど、保障金額が少なくなるほうがムダはありません。

逓減型の場合、30代は月々1万で、40代は月々1万5000円で十分な補償がつきます。

【お金を捨てている掛け捨て医療保険】

また、多くの人が医療保険に入っていると思いますが、健康保険内の病気やけがの治療費は、「高額医療保障」などの公的な制度で支払いの上限が保障されているので、実は入る必要はないと思います。

それよりも、生活習慣病にならないように、乱れた生活を改善することをおすすめします。

掛け捨ての医療保険は、文字どおり、お金を捨てているのと同じです。その分を、詳しく後述する「投信貯蓄」で3～4割増やすほうが賢明です。

いつかかるかわからない病気のために毎月お金を捨てるより、病気になったときに切り崩せる確かな資産を増やすべきです。

やりくりを劇的にラクにするヒント

【住宅ローンは変動金利のほうがリスクは少ない】

家賃や住宅ローンのような「縮められない生活費」が多いと、生活はたいへんになります。そのため、縮められない生活費をあらかじめ増やさないことが大事です。

特に家を建てる場合、地方なら安く建てられますが、都市部では建てるのはもちろん、マンションを買うにしても、20年とか、25年以上の住宅ローンを組む人が多いでしょう。

しかし、住宅ローンを組んだ人でも、病気やリストラなどの万一の場合は手放す恐れがあります。そういう場合に備えて、実家や兄弟の家へ逃げ込むというような手段も残しておくべきだと思います。そのためには、親族との関係性も良好に保ちましょう。

また、住宅ローンの金利を長期間の固定金利にしている人は多いと思います。

はっきりいって、固定金利はもったいないです。

変動金利に変えることをおすすめします。

なぜなら、固定金利、特に長期間の固定金利については「流動性プレミアム」といいまして、銀行側がリスクに備えるため、金利を短期間のものよりも高めに設定しているためです。それがたとえ0・5%~1・0%とかであったとしても、支払いは長期間に渡りますから、何百万円もの差がついてしまいます。

固定金利を選ぶのは、金利変動が怖いからです。

しかし、変動金利の場合、金利が上がるときは世の中の景気もよくなって、購入した不動産の値段も上がっているときですから、じつは大きなリスクはありません。

いっぽう、固定金利の場合は、景気が悪くなって不動産の値段が下がっても金利は下がらないため負担額は変わりません。それが、もっとも損するパターンです。

数百万単位で損することもあるので、変動金利に変えるべきでしょう。

金利については、貸す方と借りる方の知識差が大きいため、銀行にとって住宅ローンはとても良いドル箱商品です。そのため、いったん高い固定金利で借りた住宅ローンについて、銀行側から借り換えを推奨することはまずありません。

借りている側が早く気づいて、金融機関と借り換えの交渉をするか、場合によっては違う銀行に変えてしまいましょう。

また、ボーナス払いも止めるべきです。

ローンを組むときは、家が欲しい気持ちが先行するため、ボーナス払いを選択しがちです。しかし、生活をしていれば、ボーナスで買いたい家電などが出てくるものです。ボーナス払いを止めない限り、手に入れるのが難しくなります。

さらに、今の時代、ボーナスそのものの変動幅が大きく、場合によってはなくなってしまうこともあります。

私たちはどうしても、今のいいことがそのまま続くという楽観的な思考回路を持っています。しかし、景気や職場の変動は、私たちにはコントロールすることはできません。
だからこそ、十分な余裕を持った返済計画が必要になります。

【賃貸はＣｔｏＣの物件が狙い目】

私が住宅ローンではなく、賃貸をすすめるのは、人生のリスクを増やさないためです。今の時代は環境変化が著しいため、20年、25年の住宅ローンを組むことが人生のリスクになってしまうからです。

少子高齢化社会の現代において、人口の減少が問題視されています。その傾向は今後も続くと言われますが、じつは、不動産にも大きな影響を及ぼします。人口が減少すると、どの地域でも土地の価値が下がるからです。

土地や物件の価値を決める上では、どのくらいの人がそこを利用するか、ということが重視されます。つまり、人口が増えない限り、土地の価値が上がることはまずありません。だから、日本全体において人口減少が著しい地域ほど、土地の値下がりが大きいのです。

景気は回復してきても、人口が増える都市部以外はなかなか土地の値段が上がりにくくなっています。

同時に、人口減少によって賃貸物件は余り気味です。さらに、少子化により、もともと分譲住宅だったものが賃貸に回されています。結果として条件があまりよくない賃貸は人気がなくなり、その分貸主は安く貸し出さざるを得なくなります。

賃貸物件の平均利回りは、所有者から見ると3～4％くらいですが、2％以下の利回りで貸す物件もあります。そうなってくると、固定資産税その他を考えれば、住宅を買った時の総支払額とあまり変わらなくなってきます。

借りる側は、そういう貸主が安く貸出しくれているお得物件を見つけることが賢明です。お得物件は、ＣｔｏＣ（カスタマー・トゥ・カスタマー）といわれる消費者間取引の物件に多く存在します。

つまり、マンション経営をしている会社の物件ではなく、個人の家主の物件が狙い目ということです。そもそも、個人の家主は会社組織のように大きくもうけようとしていないから、家賃が比較的安い傾向があります。

半年から1年など、時間をかけてさがせば、お得物件を見つけられるでしょう。賃貸住宅をまとめているサイトなどに条件を登録しておくと、希望の条件に合った住宅が出た場合には、メールで知らせてくれます。そういう機能を活用してじっくり待つことも手でしょう。

【都市部なら今は賃貸のほうがお得】

人口減少が続く以上、豊富に賃貸住宅がある都市部であれば、今は家を買わずに賃貸のほうが経済的には賢明だと私は考えています。

かつてのバブル期のように、土地の値段がどんどん上がった時代は、不動産はとてもいい「金融商品」でした。月々のローン返済は、有効な「投資」。住宅として買った不動産を、10年後や20年後には高く手放すことができたからです。

それが現代では、人口が増えなくなった時点で土地の価値は上がらなくなりました。加えて、都心部は規制緩和によってタワー型の高いマンションを建てられるようになったので、さらに土地の値段が上がりにくい仕組みになっています。

したがって、今や不動産を買うのは、賢い「投資」ではありません。

都心で立地やアクセスがよく、キャッシュで購入できて、貯蓄を全額使い切らないという条件を満たせば、家の購入もありでしょう。しかし、なかなかそこまでの条件がそろっている人はいません。

老後を心配して家を購入する人は多いと思います。しかし、現代において老後は施設に入るのが現実的です。

家庭で介護を担ってきた専業主婦は、今や少数派になりました。働く女性たちが増えてきた以上、自宅で家族が介護をすることは難しいのが現実です。介護もプロに任せるアウトソーシングが主流となる時代がきます。

特に自宅介護についての現実を知っている専門家ほど、施設の利用を強くすすめています。

また、賃貸も定期的な年金収入があれば、貸してくれる物件がたくさんあります。そう考えると、住宅購入は老後に必須ではないのです。

無理をして土地や家を買うよりも、今後は将来の施設入居費をこの後お話しする「投信貯蓄」で貯めたほうが、現実的な老後対策になるでしょう。

収入の20％を〝亡きもの〟にする

【自分で自分のお金を取り上げる】

毎月やりくりをしてお金が残ったら貯蓄に回す、というやり方ではお金は貯まりません。これは、私たちの脳の仕組みから来るもので、目の前にあるお金はすべて使ってしまいますから、理性ではどうにもなりません。目の前のごちそうをがまんできないのと同じです。だからこそ、給料から貯蓄分も最初に抜くのです。

給料日から、貯蓄というゴールを目指してやりくりする、というスタートを切る方法は不確実です。ゴール＝貯蓄をしてから、スタート＝やりくりをするのです。

前述したとおり、貯蓄に回したい割合の目安は、収入の10～20％です。収入が30万円の人の場合、理想の貯蓄額は3～6万円。3～6万円は、もともとないお金です。

そんなお金、最初からあなたにはありません！

手取り額30万円の場合
20%=6万円を亡きもの(天引き)にする

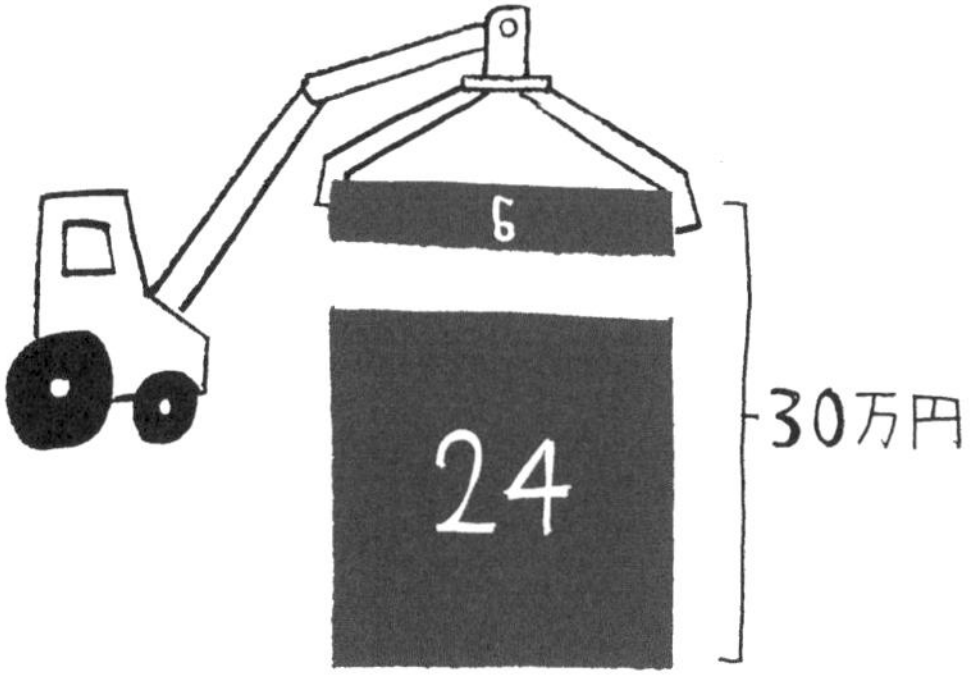

天引き分は
貯蓄に回す

まずは毎月3〜6万円を、貯蓄用の口座に移します。「そんなことしたら家計が回らない！」という人は、必ずムダ遣いしています。お金の動きを見直してください。

貯蓄用の口座は、銀行の普通預金口座も定期預金口座も適しません。金融商品の投資信託を販売する、証券会社の口座を開設しましょう。

金融商品、投資などと聞くと、お金を持っている人がするもの、または、素人が手を出すと危険、というイメージを浮かべる人もいるかもしれません。それは、投資する銘柄やタイミングを自分で決めるような、いわゆる「投機」としての株式投資や債券投資のことです。1つの銘柄に自分のタイミングで株を買うのは、確かに素人にとっては、ほとんど博打です。私だっておすすめしません。

私がおすすめするのは、毎月決まった日に、毎月決まった金額を「投資信託」に預ける方法です。投資信託、略称「投信」は、1000円からの小口で購入できます。投資する銘柄は専門家またはコンピュータが決めてくれ、株や債券の売買による運用が行われた結果、その運用成果を私たち投資家に配分してくれます。

投信は投資信託運用会社で作られ、主に証券会社や銀行、郵便局などを通じて販売されています。ただ、銀行や郵便局だと手数料が高いので、ネット証券会社で開設したほうがムダはありません。

運用する専門家が人間の場合、手数料は高くなるのです。私が長年、一貫してすすめているものは「インデックス投信」というものです。これは、日経平均のようなインデックス（株価指数）に同調するようにコンピュータが運用するので、人間の手を介すことがないため、手数料は人が運用する場合の5分の1から10分の1程度です。

毎月決められた金額を投資するだけなので、専門的な知識もいらず、手数料もタダ同然で「お金に働いてもらう」ことができます。

私が主宰している社会人のための勉強サークル、勝間塾の塾生（50代・女性）で、投資の素人でありながら、単純に2007年に私が出した『お金は銀行に預けるな』（光文社2007年）という本のとおりにしただけで、8年間で資産を40％増やした人もいます。年換算で5％の利子を得たことになります。

いっぽうの銀行や郵便局に預けても、利子は年0・001％や0・002％。8年たっても小数点第二位以上に上がらず、「お金を寝かせている」だけ。振り込み時や引き出しなど、なにかにつけて手数料を取られていることも忘れてはいけません。

勝間式「投信貯蓄」術

【貯蓄＝投資信託にイノベーション】

私たちは、お金を自分の労働力で稼ぎ、稼いだお金を消費する、という方法にはとても慣れています。しかし、稼いだお金に働いてもらう、投資という方法には、今ひとつ馴染み切れていません。

その原因については、拙著『お金は銀行に預けるな』に詳しくまとめましたが、現代は何が起こるかわからない時代だからこそ、能動的な資産形成が必要です。労働に頼って得る収入だけでは不安定で、ワークライフバランスをうまく取るためにも、不可欠なことだと思います。

能動的な資産形成をするにあたって、銀行が適さない理由は、利子が低いことだけではありません。そもそも、銀行は主に私たちが普通預金や定期預金で預けたお金を集め、それを資金として借りたいと思っている家庭や民間企業などの人に貸し出し、その利子をもうけにしています。

銀行が貸し出す先には思わぬところ、たとえば不良債権やもうからない第三セクター（国や地方公共団体と民間企業が出資して設立した事業体）なども含まれます。つまり、私たちのお金が、自分たちの幸せとはまったく無縁のところで、非効率的に使われてしまう恐れがあるということです。場合によっては、預けたお金の回収が不可能になってしまうこともあります。

いっぽう、投資信託の場合、商品を販売する証券会社は投資者から預かったお金で物理的に株を買っているだけです。上場している会社に出資するわけですから、上場していない会社にも貸す銀行より、貸し倒れリスクは実は相当低いのです。

また、かりに証券会社が潰れても、私たちは証券会社にお金を貸しているわけではないので、投資家が預けたお金は投資額の多少にかかわらず、きちんと守られる制度になっています。

したがって、能動的な資産形成に適しているのは証券会社の口座のほうになります。銀行の普通口座には、家賃や光熱費などの引き落とし分をはじめとする生活費だけを入れておきましょう。

普通口座は〝財布〟だと認識してください。

【銀行と比較にならないほど投資信託の利率は高い】

日本人の投資信託に対するイメージは悪く、8割近くが悪いイメージを抱いているというデータもあります。それは、株投資に対するイメージの悪さを上回ります。

実際、他国に比べて日本の投資信託の保有率は低くなっています。その理由の1つが、かつての投資信託の購入時や運用管理などにかかる手数料が高すぎたせいです。年間平均5%のもうけに対して、手数料が3%もかかっていたときもありました。つまり、せっかくもうかっても半分以上は証券会社の手数料になってしまっていたのです。

それが今や、ネット証券会社が増えたことで購入時の手数料がかからないものや、コンピュータ運用によって、売買手数料無料、年間の運用管理手数料も年間に0・2%くらいしかかからないインデックス投信も多数充実しています。

にもかかわらず、いまだに投信＝手数料が高いと思い込んでいる人が多いのです。あるいは、0・2%という安い手数料でも、手数料を取られる時点で損をしていると勘違いをして「だから投資はしたくない」と決め込んでいる人もいるでしょう。

しかし、住宅ローンや生命保険のほうが、よっぽど手数料は高いのです。見えないところで、自分のお金が削られていることに気づいていないだけです。

加えて、住宅ローンを抱えている人が多いことも、投資に手を出せない理由の1つになっています。

私がおすすめする投資信託の各種手数料の合計は、年0・2〜0・5%です。配当は、年3〜4%。配当から手数料を引いたもうけは、2・5%〜3・8%になります。

かたや、銀行の利子は年0・001%や0・002%。投資信託の利率は比べものにならないほど高く、まさに「お金に働いてもらう」という表現が当てはまります。

たとえば、拙著『お金は銀行に預けるな』が発売されたのが２００７年11月末で、それを参考にして２００８年１月から月々１万円ずつ、「日経２２５（日経平均株価）」という名前の投資信託を積み立てていたとします。

９年後の２０１７年１月にはいくらになっているかというと、投資総額は１０８万円で、現在の投資信託の価格（時価）は１７４万円。約60％のリターンで、１・６倍に増えることになります。

あと20年以上続けて、合計30数年積み立てれば2倍になるでしょう。

かたや、銀行に同じ額を30年寝かせておいても、ほぼ金額に変わりはありません。

まさに〝死に金〟です。

失敗しない投信貯蓄テク① ネット証券で口座を開設する

口座を開設するなら、ネット証券会社で行うことをおすすめします。店頭に行くと、すすめられるがままに、いろんなサービスやプログラムに加入しかねないからです。

初めてでも利用者数が多いのは、「カブドットコム証券」か「ＳＢＩ証券」です。

いずれも、口座開設手数料はかかりません。

毎月、投資に回すお金は銀行や郵便局の口座から引き落とすことができるので、三菱東京ＵＦＪに給与口座がある人は、子会社のカブドットコム証券がいいでしょう。

投資信託を購入する際にかかる手数料や、購入したものを運用管理する手数料などは会社によって違いますが、大差はありません。

どちらの会社にするか決めたら、「無料口座開設」ボタンをクリックして、必要項目の入力をすませましょう。

失敗しない投信貯蓄テク②　「積立投信」を選ぶ

口座開設後、取引可能になったら、各会社のサイトのトップページから「投信」ボタンをクリックし、そこに表示される項目の中から、「積立投信（もしくは投信積立）」を選びます。

月々の収入が30万円なら、投信貯蓄にあてたい額は3〜6万円。その額が銀行口座から、自動引き落としになるようにします。

また、定期預金などで貯めていた分を投信貯蓄にあてる場合も、月々の投資額は3

〜6万円にします。100万円あったとしたら、月に3万円で33回。約3年かけて、投信貯蓄を行う計画です。

このように、金融商品を一度にまとめて購入せず、資金を分割して均等額ずつ投資を続ける方法を「ドル・コスト平均法」、または「定額購入法」と言います。大もうけもできませんが、大損もしない堅実な方法です。

一度にまとめてつぎ込むのは、賢明ではありません。株価がこの先どう変動するか、誰にもわからないからです。小分けにしたほうが、リスクは小さくなります。

失敗しない投信貯蓄テク③ ノーロードのインデックス投信を買う

次に、積立投資に適した商品の一覧表を見てみましょう。

といっても、何を選んだらいいかわからないと思うので、「ノーロード」と「インデックス投信」という2つのキーワードが入ったものを見つけてください。

「ノーロード」とは、買うときに手数料がかからない、という意味です。商品によっては、買うときに1〜3%の手数料がかかるものもあります。ノーロードの商品はそれが無料になります。

ノーロードの商品でも、信託報酬と呼ばれる年間の運用管理手数料などはかかります。これが、0・2%から0・5%くらいです。とはいえ、購入時に手数料がかかるものは、信託報酬も手数料が高い傾向があるので、おすすめしません。

もう1つのキーワード「インデックス投信」とは、日経平均やTOPIX（東証株価指数）などの株価指数を基準にして投資を行うもので、専用アナリストやファンド・マネージャーを置かない商品を指します。

日経平均やTOPIXにほぼ連動した運用成績を上げてくれるので、専門知識がなくても、深く考えずに淡々と投資する事により、一貫して投資信託の平均的なリターンを上回ることができます。人が介在せず、コンピュータが運用するので、運用管理手数料が安くすむのもおすすめする点です。

具体的に、初心者の方が持つのにおすすめの投資信託は次のとおりです。

1 世界株式インデックス（世界株式平均）

2 日経平均やTOPIXなどの日本株式インデックス

3 不動産への投資を行う不動産投資信託（リート）※海外・国内のどちらでもOK

月々3万円ずつ投信貯蓄するなら、各商品を1万円ずつ買うようにします。

不動産投資信託は、手数料は高めですが配当も3〜4%と利率がいいので、私も買っています。一時的に元本が減ってしまうときがあっても、配当で補えます。

失敗しない投信貯蓄テク④　5年以上続ける

積立投信するお金は世の経済状況に合わせて値上がりしたり、値下がりしたりしますが、それに一喜一憂しないことが大事です。

世間が「今が売りどきだ」「売らないと元本割れして大損する」などと騒ぐときがあっても、積み立てたお金は動かしてはいけません。かりに、2008年に起きたリーマンショックのような世界的金融危機が起きても、買い続けます。

多くの人が元本は変動しないほうがいいと勘違いしていますが、元本は変動したほうがもうかります。元本がたくさん動いて、いったりきたりするほど、もうけは少しずつ増えていくので、途中で売ったり、買ったりすると損をします。

なぜ元本が変動するともうかるかというと、やってみないとなかなか実感しずらいのですが、安い時はたくさん買えて、高い時には少ししか買えないので、平均単価は真ん中より下になるからです。ですので、私が『お金は銀行に預けるな』を書いた時と、9年後の今は日経平均はさほど変わっていませんが、月々同じ金額を日経平均に入れていたとすると、なんと1・6倍にもなっているのです。

その理由は簡単で、日経平均が8000円の時には、今のように1・9万円の時に比べて、同じ金額を投資しても2倍以上の量を買うことができるからです。

投信はもうからない、という人のほとんどが、短期間で止めてしまうパターンです。投資は、時間が最大の味方。時間をかけることが、リスクヘッジになります。

2年で止めたら損をするかもしれませんが、5年、10年続けると損をするほうが難しくなります。どうしてもお金が必要なときは、銀行口座と同じように証券口座からも出金できますが、手を付けないことがもうけるコツです。

5年、10年単位で続ける勇気をもちましょう。

失敗しない投信貯蓄テク⑤　小さな配当で確実にもうける

積立投信を始めるタイミングは「決心したとき」です。

本当は、リーマンショック後のような誰も投資に見向きもしない時期にコツコツと積み立て始めるのが一番いいのですが、5年、10年単位で続けるのであれば、いつ初めても大きな差はありません。

私が長年、一貫してすすめるこの「インデックス投信　ドル・コスト平均法」は、投資額を小分けにし、長期間続けることでリスクヘッジする方法なので、株式投資や債券投資のように一攫千金は狙えません。大もうけも大損もせず、小さな配当でもうけを出す堅実な方法です。もうけが小さいとはいえ、前述したとおり、日経平均を同じ金額買い続けるだけで、9年間で1・6倍に増えます。

実際、私の言うとおりにした勝間塾の塾生で、もうけを出している人はたくさんいます。中には、証券会社の店頭ですすめられたとおりにしたら損をした、と言って腹を立てて私の本を買い、書いてあるとおりにやったらもうけが出た、という人も。

口座を開くときは、NISAという口座にすると配当が非課税になるのでより有利になります。まだ決心がつかない人もネット証券のサイトをのぞいてみるといいでしょう。ただし、結果が出るまでは少なくとも5年間ちゃんと続けてくださいね。

第5章

超ロジカルファッション編

女性らしさを隠さず打ち出してみよう

【仕事・育児・家事で自分もスーツもヨレヨレに】

家事と仕事をちゃんと両立する人ほど、自分の身だしなみに構う余裕がなくなる傾向があるでしょう。子どもが小さい方は育児も加わって、気づけば服はヨレヨレ、髪の毛はボサボサという状態かもしれません。

受け入れがたい自分の姿、すなわち、あり合わせの服を適当に着ている様子を見るたび、ため息がこぼれ、自己肯定感が低くなり……。そのせいでストレスが溜まって、やり場のないイライラに苦しめられることもあると思います。

かつての私もそうでした。

汚部屋からは服を取り出すこと自体が大変で、取り出しやすい手前のスーツばかり着ていました。きっと、人からいつも同じ服を着ていると思われていたことでしょう。しかも今思えば、自分に似合わないものばかり着ていた気がします。

当時の私は「〝できるビジネスウーマン〟は、ジル・サンダーのスーツを着なくてはいけない」。勝手にそう思い込んでいました。ジル・サンダーの青山店によく行き、店員さんにすすめられるまま、1着30～40万もするスーツを買っていました。バーゲンでも20万円台だったと記憶しています。

ジル・サンダーよりは少し安い――といっても、スーツ1着10万以上はしたブルックス・ブラザーズの服も、たくさん持っていました。

いつもどちらかを着ていることが多く、2009年に出した拙著『断る力』（文藝春秋2009年）の表紙で着ている白いジャケットはジル・サンダー、サーモンピンクのインナーはブルックス・ブラザーズのものでした。そのどちらも、今はもう持っていません。

ウン十万出して買ったからには、長く着たいのが本音です。シルクやレーヨンなどの高級素材のものだったので、家で洗えないためクリーニングに出すのですが、そういった高級素材はクリーニング代も高く、1回2500円ぐらいかかりました。「ヒーッ!」と思いながらもクリーニングに出し続け、そうして5年も6年も、ボロボロになるまで着て……。我ながら、なんてコスパの悪いことをしていたんだ! と今となっては呆れます(苦笑)。

かつての働く女性には、女性らしさを隠して男性と肩を並べてがんばる、という意識が求められたのでしょう。だからジャケットスーツという、女性らしさを隠す〝鎧〟を着る必要があったのだと思います。

しかし、現代は女性らしさを隠してがんばる時代ではありません。女性が会社で重要な仕事を任されるのは、あたりまえの時代です。

さまざまな企画やアイディアに、女性ならではの視点や気配りが求められるのですから、ファッションにも女性らしさを活かすべきでしょう。男性もネクタイをしないスタイルが定着し始めているように、女性のスタイルも変化して然りです。

そもそも女性の曲線的な体には、直線的なカチッとしたスーツは似合わないものだなあと、今はそう思います。

【服選びに悩まない】

断捨離以前は、テレビなどのメディアに出るときは、スタイリストさんに服を用意してもらっていました。しかし、断捨離したのを機に、すべて自分でそろえるようになりました。

理由は、家事を家政婦さんにお願いすると家事に対する責任感がなくなってしまうことと同じです。大事なシーンで服を用意してくれる人がいると、日頃の服装に対する責任感がなくなり、興味が薄れることに気づいたからです。そのため、ジーパンか、ジル・サンダーのスーツかといったような二元論になっていて、中間の服がなくなっていました。しかも、服を買っても処分をすることがないので増えるばかりです。

その責任と興味のなさが、クローゼットに服が納まらない、いわゆる「収納破産」を招いた一因になっているとも思いました。

そもそも収納破産状態のクローゼットでは、ほとんどの服を着たいと思える状態に維持できていませんでした。どこに何の服があるかわかりませんし、あったとしてもしわくしゃだからです。

それが、洋服についてもロジカルに取り組んだ結果、クローゼットの中のものはすべてが着たい1着として目に止まるようになり、朝出かける前に「着るものがない……」とムダに悩む時間から解放されました。

収納破産から脱すると、身支度の時間と手間とストレスが劇的に少なくなります。クローゼットを開けば持っているアイテムが一覧できるので、今日はどの服が一番気分とTPOにあっているかを瞬時に判断できます。今の私はテレビに出るときも、政府主催の会議に参加するときも、まさにその感覚で迷うことがなくなりました。

【仕事の運や成功の95%は人のつながりから。第一印象は重要】

ファッションをロジカル化するメリットは、仕事にも及びます。

なぜなら仕事の運や成功の95%は、人とのつながりからもたらされます。だからこそ、第一印象を左右するファッションは重要なのです。

以前の私はその重要性に気づいておらず、人を不愉快にしなければいい、という程度にしか思っていませんでした。ただ単に、店員さんにすすめられるもの、ビジネスウーマンとしてふさわしいと考えていたものをパパっと選んで買っていただけでした。

そんな私に正しいファッションロジックを教えてくれたのは、友人のデザイナー兼スタイリストの竹岡眞美さんです。数多くのビジネスパーソンに、パーソナルスタイリングをすることで人生を好転させてきた、ファッションのプロです。

ここでは、私が竹岡さんから学び、自分なりに試行錯誤をして確立させた、ファッションのロジックをお話ししたいと思います。

専門外の私がファッションを語ることに違和感を持つ方もいるかもしれませんが、私が主に伝えたいのは次の2つです。

1 センスがなくてもこれさえ押さえれば間違いない

2 どんなに忙しくても無理なく〝きれい〟がキープできる

「材料に対して0・7％前後の塩分がおいしい」という料理の原則のように、ファッションをリノベーションする中で体験しながら見出した、私なりのロジックをお話ししたいと思います。

勝間式ロジカルファッションのルール

【ルール1　女性の第一印象を左右するのは髪】

私のファッション改造をするために、竹岡さんはまず最初に髪専門のカラーリストがいる「カキモトアームズ」という美容院へ連れて行ってくれました。

私はファッションのロジックを知る第一歩が「髪の色を変える」こと、というのがとても意外でした。

「髪は服と違って脱ぐことができません。だから、まずは自分がなりたいイメージに合った色と髪型にする必要があるんです」

そういう竹岡さんの話を聞いて、なるほどと思いました。実際、竹岡さんは私と会った数年前から、私の髪の色について、赤みが入った茶色だったのを、もっとアッシュ系の茶色にしたいとずっと思っていたそうです。

その後、竹岡さんが紹介してくれた美容ライター、佐藤友美さんの著書『女の運命は髪で変わる』（サンマーク出版２０１６年）も読んで、髪の色と髪型が人に与える印象の大きさを知りました。なぜなら、顔よりも髪の毛の方がずっと面積が大きいのです。

人の第一印象は服でもメイクでもなく、髪にあるそうです。その人の髪形をみて、性格を無意識にイメージするからだそう。

明るい茶色の巻き髪の人なら華やか、黒髪のストレートなら清楚な印象を受けるなど、言われてみれば思い当たることばかりで納得です。

「顔のつくりはいいけど髪がバサバサ」よりは「顔はいまいちだけど髪がばっちり」のほうがずっと美人に見えるといいます。

逆に言えば、髪形を変えることで自分のイメージも思い通りに変えることができるというわけですね。

そして、私がカラーリストに伝えた自分がなりたいイメージは、次の３つでした。

1 信頼できる印象

2 知的さ
3 親しみやすさ

これを踏まえて、肌や目の色を加味して判断してもらった結果、竹岡さんの読み通り、アッシュ系の色になりました。全体が軽やかになって、程よい透明感と柔らかな雰囲気が出る色です。

髪の色を変えてから「印象がとてもよくなった！」と家族や友人から好評です。それからはこれまで髪を軽視していた自分を反省して、寝る前にはきちんと髪をブローするようになりました（笑）。

カラーリストがいる美容院は値段が高めですが、一度行けば自分の似合う色がわかります。髪色に悩んでいたり、イメージチェンジをしたい場合は、行って損はないと思います。

【ルール2　コスパ最強！　どこでもワンピース】

今もっとも多い外出着は、ワンピースです。ビジネス、カジュアル、テレビ出演にも着ていけるうえ、スカーフやベルト、アクセサリーでいくらでもアレンジが効くので、非常に便利。今は、ワンピースにボレロを羽織るスタイルも気に入っています。

1アイテムだけですから、選ぶ、着る、脱ぐのも早いし、体を締めつけないので着心地もラク、と良いことづくめです。

また、ワンピースはコスパがよく、クローゼットの場所も取らない点でも優れています。スーツだとジャケット、スカート、ブラウスなどが必要で、ワンピースよりもアイテムが多い分、購入にお金がかかるうえ、収納場所も余分にかかります。その点、ワンピースはお金も収納も1アイテム分しかかかりません。

また、外出先のシーンを選ばないのもメリットです。仕事のシーンだけなく、パーティなどフォーマルな場所にも気がねなく行けます。仕事用のスーツでパーティに行くと、仕事帰りに寄りました、ということがバレバレで、失礼な印象を拭えません。その点、ワンピースならアクセサリーを華やかなものに変えるだけでOKです。

ワンピースを選ぶポイントは、素材がレーヨンやニットである程度ふわっとした女性らしいラインであることです。色んなタイプのワンピースを試した結果、カチッとしたラインのものは一昔前の雰囲気になってしまうので、選ばなくなりました。

ワンピース1着にかける予算の目安は、1万円台です。5、6回着たら元を取れる計算なので、洗濯は自宅で手洗いです。クリーニングには出しませんから、維持費もほぼゼロ。最近はテレビのレギュラーが増えたので、服の全体数も増やし、常時15着ぐらいのワンピースで回しています。

買うときは、ファッション通販の「WAJA（ワジャ）」を愛用しています。

ここは1万円台のワンピースが充実しているうえ、色やイメージで検索することが可能なので、選ぶのもラクで重宝しています。買うときは2、3着をまとめ買いして、送料を浮かせるようにしています。

かつて着ていた30万円のジル・サンダーのスーツ1着で、ワンピースが30着買えるわけです。高価な1着をボロボロになるまで着倒すよりも、安価な30着を定期的に買い足して、常に新しい服に入れ替えたほうが、日々着用する気分も、人に与える印象も絶対いいと思います。

実際、スーツから女性らしいワンピーススタイルに変えてから、周りの人たちから印象がよくなったと言われることが増えました。ワンピースを着ることができるのは、女性の特技でもあります。せっかくの特技ですから活かさない手はないですよね。

3点買うより安い
¥20.000
¥7.000
¥13.000
コーディネイトを
迷わない
¥18.000
脱ぎ着がラク
Casual
ok!
Formal
ok!
女性らしい
印象になる

【ルール3　とにかく無地。柄物は買わない】

ワンピースとボレロをはじめ、普段着のシャツやセーター、パンツも基本的に無地で統一しています。ツートンカラーになっても、とにかく無地にこだわります。

無地のアイテム同士だと組み合わせがしやすく、着回しが利きますが、柄物はそういきません。柄は印象に残りやすく、「また同じものを着ている」と思われやすいので買いません。

色は、ワンピースはブラック系、青系、ベージュ系の3系統にしています。

普段着のシャツやセーターも同様で、それに合わせやすいように、パンツはすべて白にしています。この4系統の色合いだと、組み合わせに困ることはありません。

逆に、赤や緑などの主張の強い色は、組み合わせにくいので避けています。その服のためだけに新たな服を買う、という事態が起こりやすく、結果、服の数が増えて管理しにくくなると思います。

【ルール4　色は3色まで】

コーディネートする色は、スタイリストの竹岡さんいわく、服やショール、靴などの小物類も含めて3色まで、できればカバンの色も含めて3色以下がいいそうです。

一番簡単な失敗のないコーディネートは、白をベースにすること。特にファッション初心者は白から始めたほうがいい、と教わりました。白をベースにすると、黒、ベージュ、紺など、どんな色も受け止めてくれるうえ、洗練された印象になります。

そのことから、私は普段着にしているパンツはすべて白にしています。トップスが何色でも合わないことがないので、コーディネートに迷うことなく、非常に便利です。

クローゼットの中は、ほぼワンピース。青、黒、ベージュの3系統で統一。色はベーシックなので、デザインは女性らしいものをセレクト。

また、ファッション初心者は、服のサイズを合わせることもポイントです。

「意外とサイズが合っていない服を着ている人が多い」とは、スタイリストの竹岡さんの談です。サイズオーバー、もしくは小さすぎるサイズ感は、どんなにおしゃれにコーディネートをしても、台無しになってしまうそうです。

大きすぎず、小さすぎず、ジャストサイズで。ネット購入する際は、お気に入りのブランドごとにサイズ感を把握しておくようにしましょう。その点、WAJAではすべての服がきっちり採寸されて表示されているので安心です。

【ルール5 消耗品の靴は1万円以下で買う】

靴は、履き心地が悪いと死蔵されるものの代表です。

ちゃんと試し履きして買ったものでも、長時間履いていると小指が当たったり、かかとが擦れたりするものです。数回履いただけで捨てるのはもったいない、と思いますが、私は潔く捨てることにしています。靴入れの場所をムダにとるだけですから。

その決断をしやすくするためにも、普段履きの靴は1足1万円未満で探すようにして、3カ月で買い換えるようにしています。

靴も、服と同じように消耗品です。私は日頃よく歩き、また自転車にも乗るので、靴の劣化が早いのかもしれません。3カ月もすると見た目にくたびれて、買い替えどきだとわかります。選ぶ色は、実用的な黒か紺系。ヒールはあっても1㎝で、フラットなタイプしか買いません。

以前、靴に関する本を読んだとき、選ぶときには「できるだけ足に密着するものがいい」とありました。例えば足の甲や足首にベルトがあるものなどは、足に靴が固定されて歩きやすくなるそうです。

数年前からよく見かけるレースアップシューズ（足の甲や足首を靴紐で結び上げるタイプ）は、フィット感を調整できるのでとてもいいと思いました。脱ぐのはめんどうですが、靴本来の目的は、履いて歩くことなので、お気に入りの1つになっています。

履きやすい靴との出会いは少ないので、靴屋さんを見かけたらなるべく覗くようにしています。1回買って履き心地がわかったブランドは、ネットで買うこともあります。とにかく、靴に関しては妥協しないこと。30足履いて、ようやく1つ買うことができれば御の字だと思います。

いっぽう、メディアに出るときはヒールを履いていますが、出演時間の1、2時間だけの「見せるため用の靴」と割り切っています。とはいえ、靴ずれなどをがまんするのは苦痛なので、ダンス用のヒールにしています。ダンス用のヒールは安定感が高く、ヒールの高さが7㎝あっても、足が疲れません。

靴の定数は、普段用が5、6足、メディア用が4足ぐらいで、合計10足程度で数が増えないようにキープしています。

以前はブーツも山のように持っていましたが、靴入れの場所を取るうえ手入れも大変なので、すべて捨てました。

真冬でも、東京ならロングコートがあれば、必要ないことに気が付きました。どうしても寒いときは、靴用のカイロを入れればいいでしょう。カイロは一個30円ぐらいで、ブーツ並みの暖かさがあります。ブーツが1足2万円としたら、カイロは666個と一生分買えちゃいます（笑）。あるいは、ショートコートを着てるときはレッグウォーマーも愛用しています。左右で1000円で買いました。レッグウォーマーと靴の組み合わせで、まったく問題なくブーツの代用になります。

【ルール6　かばんは究極のものを1つだけ】

断捨離をしたとき、クローゼットの奥から新品同様のブランドバッグがいくつも出てきました。結局、自分に合わないものは、どんなに高価なものであっても使わないのです。

そこで、かばんは使い勝手を追求し、いろんなものを試した結果、今は「マザーハウス」の「ヨゾラ2ウェイバッグ」のMサイズとLサイズを1つずつ、愛用しています。

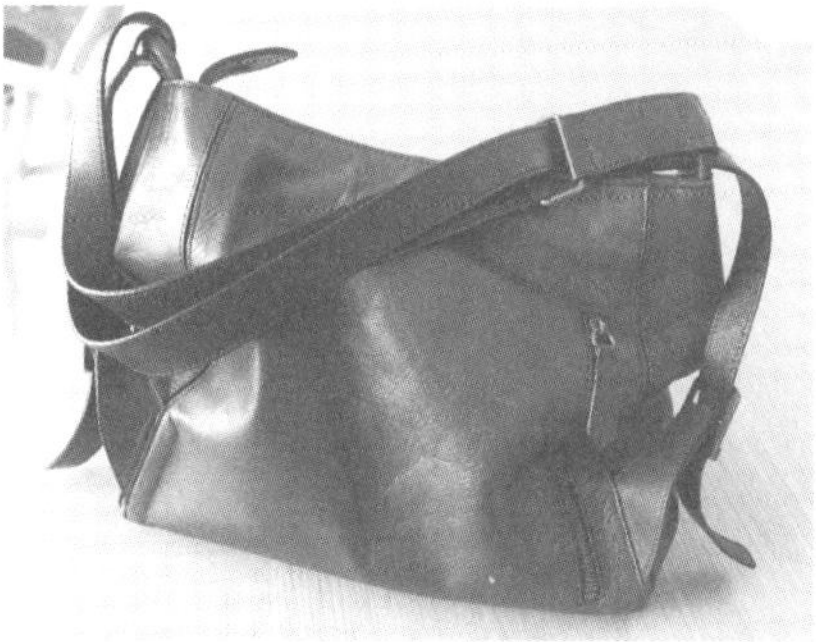
マザーハウスのヨゾラは、歩くときはリュック、電車のときはショルダーになる２ウェイタイプ。自転車に乗る機会も多い私には「出会ってよかった！」と思える完璧バッグ。このバッグでヨゾラは２代目。

ショルダーとリュックの使い分けが簡単にできて、ノートパソコンも入ります。色は、服に合わせやすいようにMは紺系、Lはベージュ系にして、使い分けています。牛革で、3万円台と手ごろなうえ、購入時に防水加工してもらったおかげか、1年以上毎日使っていてもヘタレにくいという、コスパのよさも気に入っています。

メイク道具は1アイテム1種類だけ

【探す、選ぶための迷いがなくなるのは服と同じ】

断捨離以前、化粧品も他と同様に洗面所に置いたメイクボックスの中に、化粧品がグチャグチャに入っていました。口紅もアイシャドウの色物は3、4色以上持っていましたが、すべてを使いこなしていたとはとても言えない状態でした。

今は、それらの使わなくなったものをごっそり捨てて、メイク道具はすべて、1アイテムにつき1種類だけにしました。

服やTPOに合わせてアイシャドウや口紅の色を変える楽しみもあると思いますが、私はそれらを選ぶ、迷うといった考える時間を使うよりも、自分に似合う1色があって、毎日迷いなく気持ちよくメイクができればいいと考えています。

今、洗面所に置いてあるアイテムは化粧水と乳液のほか、化粧下地、リキッドファンデーション、フェイスパウダー、チーク、アイブロウ、アイシャドウ、アイライナー、マスカラ、口紅。これらが各1種類ずつのみ、置いてあります。

各1種類にすると、今日はどれを使おうかと迷う、ムダな時間がなくなります。

アイシャドウはいろいろな色がありますが、メイク関連の本を読んで、日本人女性にはブラウンがベストだとわかりました。シャドーは文字どおり、陰影をつけることが目的です。だから、陰影になり得ないブルー系などは不要と私は考えています。

私の場合は目の色が茶系ということもあって、ブラウンのシャドーがしっくりくるので、愛用しています。よく、バブル時代のメイクをまねる時に青系のシャドーを使うように、青系のシャドーで年齢がばれるそうです（笑）。

マスカラやアイライナーは定番の黒で、口紅はピンク系。以前はメイク道具を自宅用と外出&出張用に分けていましたが、それもめんどうになり、今は同じものを使うようになりました。自宅で使ったものをポーチに入れて、携帯しています。

【在庫管理がラクになる】

1アイテムにつき1種類だけにしたら、在庫管理がずっとラクになりました。また、メイク道具は原則、ネットで買えるものにしています。決まったお店にしか売ってないものにすると、買い物の手間がかかるからです。

メイクは料理と同じで、素材は普通、味付けは最小限、下ごしらえがもっとも重要だと思っています。すなわち、素材＝素顔、味付け＝メイク、下ごしらえ＝肌のコンディションを左右する食生活や睡眠時間などの生活習慣ということ。どんなに高級な化粧品も、ちゃんと下ごしらえができていなければムダになります。

その意味でも、一番重要な下ごしらえとなる健康管理にも気をつけています。しっかりとした下ごしらえがあれば、塩味だけでもおいしいように、ピカピカの肌があれば、ファンデーションやメイクアップは最小限ですむようになるからです。

そして、ピカピカの肌のもとは、化粧品ではなく、良い睡眠や食事、動きやすい服に、歩き回りやすい家である事は、これまでの章を読んできた皆さんには納得できるのではないかと思います。

第6章

超ロジカル健康管理編

最大のお金のムダ遣いは不健康

【健康を害すると出費の嵐】

健康を害し、病気になると、とにかくお金がかかります。たとえば治療代や薬代、場合によっては通院代や入院代が必要になります。

たとえ病気になっていなくて、病名がつかない不調の段階でも、サプリメントや栄養補助食品などを買えばお金がかかります。あるいは、肩こりや腰痛で整体やマッサージ、鍼灸などを受ければ、1回で数千円の出費です。不健康になると、とにかく、ありとあらゆることで出費がかさんでいくのです。

また、普段は倹約家なのに、「体にいい」と聞くとたんにお金を出す人も多いものです。それはなぜかというと、健康について生活管理ではなく、お金で買おうとするからです。

家事を担うお母さんが病気になると、日々の食事がデリバリーになったり、買ってきたお弁当ですませるため、味が落ちる上に、出費はかさむいっぽうです。

さらに働きに出ることもできなくなり、収入が減る場合もあります。

風邪を引いて、パートを2、3日休んだら、それだけで数万円の損失です。あるいは正社員であっても、パフォーマンスが落ちて出世を逃したり、ボーナスが減額される可能性もあるでしょう。

とにかく、健康でいることが一番の節約で、損失も防げるのです。

そういう意味では、自分だけでなく家族の健康管理も任されるお母さんほど、健康に気をつける必要があると言えます。

しかし、働いているお母さんは、自分の健康だってあやしいくらいの忙しい日々の中では、正直、何もできないのが現実だと思います。

また、自分の健康管理をしようと思ってチラシを見て、ついついスポーツクラブに入会してしまうことがあります。ところが実際には仕事と家事に追われ、健康のためにスポーツクラブに通う時間などありません。そんな時間があったらやりたいことがたくさんあるし、もっと睡眠だってとりたいのです。その結果、スポーツクラブに入会したものの、定期的に通えていない人も多いのではないでしょうか？

実際、スポーツクラブは定員の何倍の人数を取るか、知っていますか？　例えば一度に30人くらいのスポーツができるジムであれば、なんとその１００倍近い会員を募集できるのです。それはなぜか、みなさんもちろんわかっていますよね（苦笑）。

【計算したくない！　スポーツクラブ20年分の会費……】

かつての私も、その1人でした。

新卒で社会人になってから一昨年までの20数年間、常にどこかしらのスポーツクラブに入っていました。

水泳や筋トレ、ストレッチ、エアロビなど、あらゆるメニューを実践していましたが、やる気にあふれているのは入会直後だけ。入会当初は、週に1、2回は通いたいと思い、忙しくても1回に運動する1時間を捻出していたものですが、徐々にその時間のやりくりが億劫になり、通うペースが落ちて週1、2回が月に1、2回になり、さらには半年に1、2回に……。

このままではダメだ！　と思い直すものの、やはりやる気は続かずに退会を決意する、と。まあよくあるパターンです。


かつてのわたしのように、通い切れない人にとってスポーツクラブほど払ったお金に見合う結果を得られず、ムダな投資に終わりがちなものはないと思います。

仮に会費が1万円とすると、1年間で12万円、私が通っていた20年間では——考えたくもない、ぞっとする金額です。

では、それでもなぜ私たちはスポーツクラブに入るのでしょうか？　それは読みもしない本を買って「積ん読」にしておくのとまったく同じです。1種の精神安定剤なのです。

それこそスポーツ関連の職種やモデルさんなど、体が資本の仕事についている人じゃない限り、スポーツクラブへ投資した分、リターンを得ることは至難の業でしょう。

スポーツクラブでの運動の習慣化について、失敗を繰り返して気づいたことは、そもそも1週間＝168時間のうち、1、2時間だけ運動することに意味があったのだろうか、ということです。その他の時間はほとんど運動などしないのですから。

「スポーツクラブに行かないと運動できない」という概念が間違っているのです。

週に1時間だけ運動するなら、毎日歩け！　です。

もし、スポーツクラブに入会していて、平均週2回以上行けないのであれば、お金のムダなので退会したほうがいいと思います。

スポーツクラブに「入会」しているのと、「通っている」のは大違いです。通っていないスポーツクラブは、思い切って退会してしまいましょう。その分の費用を毎月投資信託に積み立てた方が、ずっと有意義です。

どうしても行きたいなら、市区町村の公共施設を利用しましょう。1回数百円の利用料ですみます。

スポーツクラブのビジター利用でも、1回1000〜2000円です。週1回の利用なら、月会費より安くすむはずです。

ちなみに、私の最近のお気に入りは「テレビ体操」です。

最近「全録」と言われる、すべてのチャンネルを録画するレコーダーを導入しまして、好きな時間に好きな番組を再生できるようになりました。その中でもっとも気に入ったのが、テレビ体操です。いつでもやりたいときに自宅で好きな体操ができるようになり、大変便利です。

もちろん全録を持っていない人でも、毎日テレビ体操を録画することは可能ですので、1日10分弱、テレビのお姉さんたちと一緒に運動してみませんか?

私たちはせっかく「NHK」というスポーツクラブに強制的に入っているわけですから、そこのコンテンツは大いに利用していきたいと思います。

ルーティンにしている「7つの健康習慣」

【太っていたのが不思議なくらいになる】

私は、2012年まで小太りで、TBSテレビのバラエティ番組『中居正広の金曜日のスマイルたちへ』――通称『金スマ』のダイエット企画に採用されたほど太っていました（苦笑）。

その企画で3カ月間、自分の肥満体型と向き合い、さまざまなダイエット本を読んで実践した結果、「問題解決に必要なのは知識と意欲と、それを実践する持久力である」と学びました。

やせるまでの経緯については、『やせる！』（光文社新書2012年）にまとめましたが、とにかく自分の土台となる習慣を変えないと、体重管理はできません。

そして、一度習慣を変えることに成功すると、太っていたのが不思議なくらいになるのです。

ダイエット企画に参加前は60キロほどあった体重ですが、企画参加後、52キロまでやせました。

さらに断捨離をしてからは、体重よりも如実に体脂肪率が落ちるようになり、現在は身長158㎝、体重53kgを保っています。もっとも、管理しているのは体重ではなく体脂肪率のほうで、20%前半を保つようにしています。

女性の場合、体脂肪率が20%前半だと、ちょうど女性らしい見た目になるようです。20%以下だとやせすぎの印象になりますし、25%以上だと太った印象が増すと聞きました。

体脂肪率20%前半をキープするのが、印象的にも、体調的にもベストだと思います。

先日、仕事でプロデューサーの秋元康さんにお会いした時にも

「えー――、まだちゃんとやせたままだね！　あの企画のあと、絶対リバウンドすると思っていたのに。だってみんな戻るじゃない」

と軽口を叩かれたばかりです。

でも、こちらもロジカルに考えれば、リバウンドを防ぐことができます。

リバウンドせずに体型を保つ秘訣は、次に紹介する「7つの健康習慣」に含まれます。

スポーツクラブはもちろん、マッサージやエステにも通わず、ダイエットをしなくても太りません。

もちろん、病気もありません。去年1年間に患ったのは、重いものをもって腰を痛めたときくらいです。60キロくらいある麻雀の全自動台を2人で運んだら、さすがに1週間ほど腰痛になりましたが、そのほかに不調はありません。

テレビ東京の『主治医が見つかる診療所』に出演したときの診断でも、わずかに食道の炎症がありましたが、それ以外には何の問題もなく、「健康自慢の芸能人5人」という特集の中で、見事「最も健康」の評価でした。

これからお話しする7つの健康習慣はどれも基本的なことばかりですが、自分の健康の土台を作っていることを実感しています。私が主宰している勝間塾でも実践する方が増え、健康にやせてきた方が多くいます。私だけに効果があったわけではなく、7つの健康習慣に再現性があることを確認できて、とてもうれしいです。

【習慣1 自炊 ▼ 栄養が満たされるとムダ食いしない】

超ロジカル料理の考えで自炊し始めてから、自然と栄養バランスが整うようになりました。特に肉や魚などのタンパク質と、野菜のビタミンが不足しないように心がけています。

この2つがきちんととれていると、栄養価が満たされているため、自分を慰めるための甘いものをムダに欲しがらなくなる傾向があります。

実際、自炊を始めてからというもの、お菓子を食べたくなることがなくなりました。たまにいただきもののチョコレートがあっても、1粒で十分満足できます。

以前は3粒も4粒も食べていたことを考えると、当時の食事はカロリーは足りていたけれども、栄養のバランスがとれていなかったことを痛感します。

ちなみに、私はサプリメントや栄養補助食品などの健康食品をとることもありません。

高い健康食品をたまに食べるなら、普通の食材を毎日自炊して食べたほうが、コスパは格段にいいと思います。サプリやトクホのような健康食品を買うと、それだけで健康になった気がするものですが、これは行かないスポーツクラブと同様、気休めに過ぎないと私は考えています。

健康食品に1箱数千円もかけるなら、その分の野菜や肉をいろんな調理法で食べたほうがお金もかからず、健康的で満足度も高いはずです。実際、多様な食品をとることで、腸内のバクテリアなどの種類も多様になり、自己免疫力が上がり、病気になりにくくなります。

一時期、ココアや納豆など、ある単品の食品をとることが流行しましたが、単品の食品をとり続けることで劇的に健康になるエビデンスは残念ながらありません。

いろんなものをバランスよく食べる、というのが健康維持のための栄養学の基本です。

要は、健康食品にかけるはずだったそのお金で、いろんな食材を買って自炊するほうが体にいいし、家族みんなでおいしく食べられるということ。

数千円あれば、鶏肉なら5kgは買えます。例えば、鶏胸肉は「イミダペプチド」という疲労回復物質がたくさん含まれているので有名ですよね。健康食品を買うのを一度控えれば、普段は倹約から敬遠している牛肉だって買えちゃいます。

【習慣2　シュガーフリー▼白砂糖にさようなら】

少し前から、糖質オフや低糖質など糖質を控える傾向が注目されています。

私は『シュガーブルース』というチェコの映画を見たことをきっかけに、砂糖をとらない「シュガーフリー」生活を始めました。

この映画は、妊娠糖尿病を告げられた女性監督が、家族と一緒に砂糖を断つ様子を描いた作品です。私にとってはインパクトがある作品で、鑑賞後、家から精製された白砂糖をなくし、何か食べ物を買うとき、原材料に「砂糖」と入っているものは避けるようになりました。

さらに、実質的に砂糖と同じと考えられる白米や小麦粉も控える決心がつきました。完全に糖質を断つ「糖質オフ」ではないので、サツマイモやニンジン、ジャガイモ、カボチャなどの糖質を含む根菜類や、果物は食べています。

白砂糖、白米、小麦のほか、それらと同等のものを食べないようにしている、ということです。

厳格にしすぎると〝フードファディズム〟のようになってしまいます。栄養バランスが偏ってしまったら元も子もないので、実生活の中で無理のない範囲でやっています。

そんなゆるめのシュガーフリーの生活ですが、1年近く続けて実感するのは、眠りが深くなったことです。

根菜類を食べる量が増えたせいなのか、お通じもスムーズになりました。

体脂肪率が安定しているのも、シュガーフリーのおかげかもしれません。まさに、いいことづくめです。

あとよく聞かれるのが、外食の時にどうやってシュガーフリーをするのですかということです。例えば、あらかじめご飯を半分にしてもらうとか、そんな感じでゆるくやっています。ただ、もともと外食自体が少ないので、あまり影響はありません。

【習慣3　座らない ▼ 移動もデスクワーク中もスタンディング】

私は常日頃、移動には車をなるべく使わず、公共交通機関を使うようにしています。バスの中は揺れるので、席があいていたら座りますが、背もたれにはよりかからないように浅く腰掛けるようにしています。

電車の場合は、40分以内の移動なら座りません。座ると席をゆずる対象となるお年寄りや妊婦の方、障害者の方などがいつ入ってくるか注意していないといけないので、集中して本を読むことができません。それなら最初から、すみっこのほうで立って本を読んでいたほうが気楽でいられます。

さらに、家でも1年半前に、トム・ラスさんの『座らない！』（新潮社2015年）という本を読んでからは、立って作業できるスタンディングデスクを使うようになりました。

使い始めた当初は1時間立っているのも大変でしたが、意外とすぐに慣れ、今では1日中立っていても、まったく苦になりません。慣れとはすごいものです。

思うに、ふだん長時間座ってるから長時間立っていられなくなるのでしょう。座るときは腹筋や背筋の力が抜けても、頬杖や背もたれで支えられますが、立っているときはそうはいきません。自然と腹筋や背筋が働いて、背筋が伸びた状態になります。

その上に頭が乗るので、骨格的にも無理がありません。実際、首や肩の凝り、腰痛が軽減したのを実感します。

そもそも、スタンディングデスクが誕生した由来も、スウェーデンの家具メーカーが、腰痛に悩む電話交換手のために開発したものだと言われます。今ではスウェーデンの約85％の会社が導入して、スタンダードなものになっているそうです。

アメリカのグーグルやフェイスブックなどのシリコンバレーにある企業でも、スタンディングデスクを採用する人が増えています。優秀な人材をヘッドハンティングする際、スタンディングデスクを導入していないと断られるケースもあると聞きました。

私が使っているのは既存の机の上に乗せるタイプで、好みの高さに昇降できます。

出張先のホテルでは仕方なく座って仕事をしますが、腰に負担がかかっていけません。そこで、出張のたびに「どこでもいいから、パソコンを立って打てるところを探す」という挑戦を試みています。電気スタンドの上とか、机の上にティッシュケースなどを置いて高くするとか。

最近では、折たたみ式の段ボールの椅子を

自宅の仕事机の上には、エルゴトロン製の昇降デスクを設置。これで、既存の机をスタンディングデスクとして使えるように。モニターを目の高さ、キーボードは肘が直角になる高さに調節できる。座って仕事をしていたことが思い出せないくらい、快適。

持っていき、それを出張先のテーブルの上に乗せて活用しています。

これが意外と悪くないのです。多少揺れるので長時間の作業は向きませんが、1、2時間だったら、座って打つよりもずっと快適です。


もっとさらに最近試みているのは、手を使わずに立ちながら入力することです。

どうやっているか想像がつきますか？　最近は家でも出張先でも、文字を書くときに主力にしているのは、キーボードではなく「マイクを使った音声入力」です。

最近は音声入力に対するアプリケーションがとてもよくなっているため、わずかな修正で文章を書くことができるようになりました。

実際、この原稿もかなりの部分、音声入力で書いています。音声入力であれば座る必要がないので、例えばｉＰｈｏｎｅやｉＰａｄ ｍｉｎｉをもって立ち、そのマイクに向かって話をしながら、メールマガジンやさまざまな原稿の執筆をすればいいわけです。

【習慣4 睡眠はアプリで管理▼睡眠を「見える化」する】

約1年前から、睡眠は「スリープサイクル」というスマホアプリで管理しています。ベッドの枕元に持ち歩かなくなった1世代前のiPadを置いてから就寝すると、特許取得の特殊技術によって、iPadのマイクが睡眠中の体の動きを検出し、快眠度をパーセンテージで示してくれます。

目標にしている快眠度は70%以上です。

私が寝るタイミングは深夜12時前後で、起きるのは7時前後。この7時間を睡眠に当てられると、たいてい快眠度は70%を超えます。

時間的には、6時間半がギリギリのライン。たまに8時間以上寝ると、90%を上回ることもあります。

出張先のホテルだと深い眠りは得にくく、6時間半以上寝ても、快眠度は10%ぐらい下がります。60%前後だと、疲れが残っている感じがします。

このアプリを使い始めた当初は50%台ばかりでしたが、徐々に改善しました。

睡眠の質を数値化することで、昨日は点数が低かったから今日は早く寝ようなど、意識化しやすいのがメリットです。実際、昼間の眠気が減って、作業効率が上がった実感があります。

睡眠については、質を管理していない人が多いと考えていますが、良い睡眠はとても効率の良い時間投資だと思いますので、ぜひチェックしてみてください。

【習慣5　とにかく歩く&階段は見たら上る ▼ 階段はタダの健康器具】

毎日の歩数はアップルウォッチで計測していて、1日平均8000歩ほどです。日に、仕事の行き先がたいてい2〜4カ所あって、そのつど最寄り駅まで5〜10分、距離にして400〜800m、つまり、1カ所ごとに2000〜3000歩になる計算です。

私の歩幅はだいたい60㎝なので、1日8000歩×60㎝で、4・8㎞歩いていることになります。

電車のホームではエスカレーターは使わず、必ず階段を使います。健康のためでもありますが、エスカレーターに行列ができているときでも、階段はたいていスカスカで、待つ必要がありません。かりにエスカレーターに乗るのと同時に歩きだしても、日本のエスカレーターは速度が遅いので、普通に階段を上るのと速さは変わりません。むしろ、行列に並ぶ必要がない分、階段のほうが速いかもしれません。

仕事などで訪れるビルでも、階段を使えるところは上ります。4、5階までなら余裕で、10階ぐらいまでなら時間がある限り、階段で上るようにしています。

【習慣6「頭のスポーツ」をやる▼健康は〝頭〟が先】

健康づくりというと、ほとんどの人が体を鍛えることをイメージすると思いますが、実は、健康を支える大きな要素は、体ではなく頭のほうです。体が健康でも、頭が健康でなければ、体の健康を持て余すことになるからです。

どんなに健康的な食生活、運動習慣があっても、ストレスを受ければ胃には速攻で穴があくものですから。

そうならないように、〝頭のスポーツクラブ〟がコンセプトのボードゲームカフェ「ウィンウィン」（東京・五反田）をオーナーとしてオープンしました。

運動器具のかわりに置いてあるのは、世界各国から集めたボードゲームです。ポーカー、オセロ、囲碁、将棋、モノポリー、人生ゲーム、7つの習慣、人狼、カタン、カルカソンヌなどのほか、135インチの大型スクリーンでセミナーも定期的に開催し、他にも落語や音楽会をプロデュースしています。

これらのゲームをすることで、ふだん使わない頭の部分が刺激されます。まさに脳トレで、その効果は運動や瞑想以上。頭の健康維持だけではなく、若返りも期待できると言われます。

私の一押しは、認知症予防にも効果があることで知られる「麻雀」です。私自身も最高位戦日本プロ麻雀協会のプロ資格を有しています。そして他の仲間の現役プロを招いた大会を1ヵ月に1回程度開いています。もちろん私も参加しています。

私たちの体は、100歳くらいまでは軽く生きるといわれています。それであれば、100歳まで認知症にかからず、頭の健康を保つためにはどうしたらいいのか、どの人にとっても最優先課題の1つだと思います。

なんといっても、頭だけは予防しか出来ないのですから。

【習慣7　人間関係の断捨離▼1年以上のがまんは禁物】

あらゆる病気の原因にストレスが含まれることからも、もっともいい健康法は、ストレスがかかる人間関係を作らないように努めることです。

友人・知人関係は気が合う人たちだけに絞ることができますが、会社の人間関係において――特に、ストレスがかかる相手が会社の上司の場合は、そうはいきません。

ただ、上司とは仕事のみの付き合いですから、好きになる必要はありません。相手から気に入られる必要もない、と心の中で割り切っておくといいでしょう。

その上で、異動願いを出すなどの改善を試みます。すぐに結果は出ませんから、最短で3カ月、最長で1年はかかると心づもりをしてください。1年以上のがまんは、確実に体に悪影響を及ぼしますから、真剣に転職を考えるべきだと思います。

もっともやっかいなのは、配偶者にストレスを感じるパターンです。

ストレスに感じる分を、家事を手伝ってもらって補えるといいのですが……。せめてストレスを増やされないように、第2章の「〝マイナスにする人〟の対処法」を参考にしてみてください。

とにかく、人間関係のストレスに対してもあきらめずに、ぜひ、積極的な問題解決を主体的に試みてください。

ストレスを放置すると〝怒り〟に変わり、怒りっぽい人になってしまいますから。

ロジカル家事の1つの終着点は〝おだやかな人〟になることです。

おわりに

私は、自分が困っていることは、たいがいほかの人も困っていることだと考えています。

みんなが困っていることには、ほぼ必ず共通する落とし穴があり、その落とし穴を解明したくなるのが私の性分です。そして、解決策を見い出せたなら、それをみんなで共有することに、たまらない喜びを感じます。なぜかというと、自分が何か困ったことがあったときに、インターネットで検索をかけると、誰かが教えてくれるからです。だからこそ、自分がわかったこともなるべくみんなと共有したいのです。

無料メールマガジンを始めたのはもう10年ほど前からでしょうか。

特にここ5年ぐらいは、メルマガは３６５日毎日欠かさず、日常で気づいた発見――パソコンはノート型よりデスクトップのほうが安くてハイスペック、「５分前行動」がもたらす精神的余裕など――について書いています。無料なので、おかげさまで読者の方は6万人近くいらっしゃいます。

そして中でも、超ロジカル家事について書くと、大きな反響をいただきます。

おかげで最近では土曜朝に放送されている「サタデープラス」をはじめとしたテレビ番組でも、家事について紹介する機会が増えました。

私としては毎回、「ほぉー」と感心し、目からうろこが落ちた自身の体験を発信しているので、うれしい限りです。


たとえば、サツマイモのグラタンの作り方について。

ある朝、私はサツマイモのグラタンを作りながら、「グラタンのレシピを初めて見つけたのは25年前だったなぁ」と振り返っていました。

当時の私は新卒ほやほやで、長女は生まれたばかり。夫と3人で、3DKのアパートに暮らしていました。

仕事もぺーぺーなら、家事も生まれて初めてやることだらけ。レシピ本に首っ引きで、毎日慣れない料理を作っていました。

その1つがサツマイモのグラタンで、愛読していたレシピ本には、次の4工程が書いてありました。

1 お湯を沸かして、分量どおりのサツマイモを輪切りにして茹でる
2 1を、牛乳にバターを加えたもので煮る
3 2をマッシャーで潰して、チーズを加える
4 3をグラタン皿に盛り、粉チーズとパン粉をかけてオーブンで焼く

このとおりに作れば、当時の私でも、おいしくできあがりました。

しかし、ゆでる、煮る、潰す、焼く、という手間を考えると、一大決心をして作らなければならず……。

それが25年後の今では、朝から気軽に作れるメニューの1つになったのです。

まず、ヘルシオの低温蒸しでサツマイモをふかし、潰したら牛乳とチーズを入れて、グラタン皿に盛って再びヘルシオで焼く。

以上です。

ヘルシオの低温蒸しのおかげで、サツマイモの旨味が最大限に引き出される分、**2**の煮る工程が不要になりました。**1**の茹でる工程もボタン1つで済むので、その間にメールチェックなど、仕事をすることができます。

昔より格段にラクに作れるうえ、味もよくなりました。

25年前の私に、「25年後は、ずっとラクに、おいしく作れるようになっているからね～」と教えてあげたい気分です(笑)。

私は料理のプロではなく、家電を多用するなど、従来のやり方と大きく異なる点もあるので、賛否両論あるでしょう。

しかし、「否」の意見は気にしません。

大事なことは、私と同じように料理で困っている人の負担やストレスが、少しでも軽減されることだからです。

ちょうど先ほどもサツマイモのグラタンを作ったばかりです。口の中にはほんのりとサツマイモの甘さが残っています。そう、もう原稿書いている隙間時間にできるくらい、家事のストレスを軽減し、どちらかというと

「気分転換に家事をする」
くらいにまでなっています。

本書をご参考に、料理をはじめ、家事全般にかかるみなさんの負担やストレスが少しでも軽減されることを願っています。また、いろいろな気づきについてはこれからもメールマガジンで発信していきたいと思いますので、本書と合わせてご愛顧ください。

勝間　和代

2017年3月

勝間和代《かつまかずよ》

経済評論家。株式会社「監査と法人」取締役。中央大学ビジネススクール客員教授。1968年、東京都生まれ。早稲田大学ファイナンスMBA、慶應義塾大学商学部卒業。アーサー・アンダーセン、マッキンゼー・アンド・カンパニー、JPモルガンを経て独立。少子化問題、若者の雇用問題、ワークライフバランス、ITを活用した個人の生産性向上など、幅広い分野で発言を行う。なりたい自分になるための教育プログラム「勝間塾」を主宰するかたわらで、東京・五反田にセミナールーム&キッチンスタジオ「クスクス」をオープン、麻雀のプロ資格を取得するなど、活躍の場をさらに拡大中。

2019年春からYouTubeチャンネルを開設、専門知識をフル稼働させた節約法をはじめ、自身の体験と研究に基づく家事の時短術や家電選びのほか、やる気にさせる人生アドバイスも人気。『ラクして おいしく、太らない！ 勝間式超ロジカル料理』『勝間式超コントロール思考』（小社刊）など著書多数。

本書は2017年に当社より刊行された単行本『勝間式超ロジカル家事』を文庫化したものです。

勝間式 超ロジカル家事(文庫版)

2021年（令和3年）2月16日　第1刷発行

著　者　勝間和代
発行者　塚本晴久
アチーブメント出版株式会社
〒141-0031　東京都品川区西五反田2-19-2　荒久ビル4F
TEL 03-5719-5503／FAX 03-5719-5513
http://www.achibook.co.jp
〔twitter〕@achibook
〔Instagram〕achievementpublishing
〔facebook〕http://www.facebook.com/achibook

装丁・本文デザイン　タイプフェイス（AD. 渡邊民人 D. 小林麻実）
本文組版　株式会社明昌堂
カバー帯イラスト　西原理恵子
イラスト　谷山彩子
編集協力　茅島奈緒深
印刷・製本　株式会社光邦

ISBN978-4-86643-089-8